中外巨人传

班 固

徐美莉　著

辽海出版社

图书在版编目（CIP）数据

班固 / 徐美丽著 . — 沈阳：辽海出版社，2016.5
（2019.1 重印）
ISBN 978-7-5451-1199-6

Ⅰ . ①班… Ⅱ . ①徐… Ⅲ . ①班固（32-92）—生平
事迹 Ⅳ . ① K825.81

中国版本图书馆 CIP 数据核字（2019）第 023721 号

责任编辑：柳海松
责任校对：顾 季
装帧设计：马寄萍

出 版 者：辽海出版社
　　地　　址：沈阳市和平区十一纬路 25 号
　　邮　　编：110003
　　电　　话：024-23284473
　　E-mail:dyh550912@163.com
印 刷 者：天津海德伟业印务有限公司
发 行 者：辽海出版社

幅面尺寸：165mm×230mm
印　　张：12
字　　数：133 千字

出版时间：2016 年 5 月第 1 版
印刷时间：2019 年 1 月第 4 次印刷
定　　价：28.00 元

·目　录·

前　言

　　今天的班姓人为自己的姓氏感到自豪。互联网上有班姓贴吧，题名为"班姓人的骄傲"，全国各地有许多人在那里留言。吧主介绍说，班氏为楚国贵族，祖先为若敖，得姓始祖为令尹子文的儿子斗班。子文被虎哺乳过，后世以班为姓。西汉末年，班姓子孙进入朝廷。班况的四个儿女班婕妤、班伯、班斿、班穉都有上乘表现。《汉书》是中国的不朽史籍，作者为班固、班昭，第一个动笔撰写《汉书》的人却是他们的父亲班彪。班彪的另一个儿子班超镇守西域 31 年，被封为定远侯。班昭为我国第一位女历史学家，当她去世，当朝的皇太后亲自素服举哀，为她行国葬之礼。……班氏有很多值得敬仰的人。

　　的确，班氏有很多值得敬仰的人。现在，令尹子文为湖北省云梦县的历史名人。班壹——班孺——班长——班回——班况——班婕妤、班伯、班斿、班穉——班彪、班嗣——班固、班超、班昭——班勇，这九代人成为山西、陕西、甘肃的历史名人。山西省宁武、原平一带，为班壹到班况五代人的籍贯。从班况到班彪，班氏为京城长安的名门望族。从班彪开始，班氏安家在右扶风安陵县，现在陕西省扶风县城南的南台村曾是他们的故乡。

在清代扶风县学戟门右有乡贤祠，祭祀西汉、东汉三十位右扶风名人，其中五位来自班氏家族。在扶风县飞凤山南，明代有三班祠，清代增为四班祠，祭祀班彪、班固、班超、班昭四人。在甘肃省，班彪曾经做官在张掖，被列为张掖的历史名人。

如果从令尹子文的祖父、楚国君主若敖算起，到班超的少子班勇这一代，从公元前790年到公元120年稍后，在九百多年里，这一系班氏有许多代人值得纪念。尊贵的若敖为楚国第十五代国君，他的儿孙们，斗伯比、子文、斗班、克黄为楚国宰相或谏官，建功立业。班壹、班孺父子以豪富、侠义为北方人的偶像。班长做到了地方最高行政长官，班况在今天甘肃、宁夏一带做上河农都尉时，连续两次国家考核都是最优秀的。班伯三兄弟都是皇帝的朋友。班伯曾有智取定襄大盗的壮举，班斿才华出众，得到了西汉成帝赏赐的全套国家图书，班穉在王莽篡汉时，是那极少的不阿谀奉承的人。班彪和他的两个子女撰写西汉历史。班勇继承父亲的事业，镇守西域，最终驱除匈奴残余的骚扰。

这一族系世代传递着恭敬谨慎的家风。令尹子文临终前告诫若敖族人远离子越椒，班婕妤拒绝与汉成帝同车，班昭写《女诫》教导她的女儿们。

这也是一个辉煌的文化家族，当我们谈论汉赋时，不会错过班婕妤、班彪、班固和班昭，正如不能忘记后三者也为著名史学家。

还有一个重要原因使这一家族总是令后人提起，这就是《汉书》。班固自己以遗憾的方式结束一生，但他留下不朽的《汉书》。从他用心血浇注的字里行间，我们知道了西汉历史、人类社会的制度和人类思想，为他讴歌的良善感动，也为他记载的人之恶而

班　固

慄然警戒。当他自己也成为历史，后人不禁会问，是什么样的家世造就了巨著的作者呢？于是他的家族与他一起被后人一遍又一遍地寻访。

一、云梦的虎与班姓传奇

今陕西省秦岭以北，户县、咸阳、旬邑一线以西地区，在两汉时期大致属于右扶风辖区，多历史名人。清代的扶风县学戟门右有乡贤祠，祭祀西汉侍中、光禄大夫班伯，东汉望都长班彪，伏波将军马援，大司空窦融，兰台令史班固，定远侯班超，侍中贾逵，西域长史班勇，隐士梁鸿等三十位名流。今扶风县飞凤山南，明代有三班祠，清代改为四班祠，祭祀班氏班彪、班固、班超和班昭四人。

东汉的班氏为右扶风安陵县人，今扶风县城以南的南台村，又称班家台、兰台村，是班氏故居所在。班固、班昭兄妹继承父亲班彪的事业写成《汉书》，留存西汉一代史事，班超定西域建奇功，班超的儿子班勇也有定西域之功。班氏，是一个值得纪念的家族。

今天的班姓人依然为班固的家族感到自豪。时间回到差不多两千年前，东汉的班固兄妹也常常称颂他们的祖先。班氏先祖有足够的辉煌。

班氏是楚国国君的后裔，若敖是他们的直系祖先。若敖就是熊仪，是楚国的第十五代国君，从公元前 790 年到公元前 764

年，做了 27 年国君。他去世后被尊为"若敖"，这是熊仪的谥号，从此楚国国君开始有谥号。

班固追溯他的祖先是从令尹子文开始的。子文是若敖的孙子，斗伯比的儿子。斗伯比不是若敖的长子，不是继承君位的人，他的封邑在斗邑（今湖北郧西），这一支以斗为姓。

但是斗姓一支还是保持了尊贵。斗伯比是楚武王熊通的叔叔，也是武王的功臣。先是斗伯比的兄长熊坎继承了君位，再传给他的长子熊旬，熊通就是熊旬的弟弟，他杀死熊旬的长子，继承了兄长的王位。作为楚武王的宰相，斗伯比有很大功劳，例如，在斗伯比的谋划之下，邻近的随国臣服于楚国。令随国臣服，这是楚武王的重要功业。

斗伯比的儿子令尹子文则是楚成王熊恽的功臣。熊恽是武王的孙子，从公元前 672 年到公元前 626 年做了 48 年国王。这期间子文做了 28 年的宰相，所以被称为令尹子文。令尹子文拿出家财给成王使用，以至于自己和妻儿有饥寒之色，这被称为"毁家纾难"。他又削减诸侯的封邑交还给成王，增强了成王的财力和王权。公元前 640 年，子文带兵击败随国诸侯的叛乱，与他的父亲一样，为楚国控制随国立下功劳。

子文自己很淡泊。孔子的弟子子张曾经请教孔子，问道："楚国的令尹子文三次出任令尹，没有喜悦的神色，三次免职，也没有恼怒，必定将令尹的职责一一告诉新令尹。这人怎样啊？"孔子说："忠诚啊！"

子文也是谨慎的人。他的弟弟子良生了一个儿子，就是子越椒，子文看着这婴儿状如虎熊，声如豺狼，正如俗语"狼子野心"，就对子良说："这个孩子是狼啊，难道能养着吗？"劝子良不要留下祸患，而子良不忍心。子文十分忧愁，他临终时集合族人告诫他们，如果将来子越椒执政，一定远远离开。但他还是无奈地哭泣说："鬼也要饮食，若敖氏的先人难道要挨饿了？"他担心若敖族人最终还是受到子越椒连累，也许没有谁能幸存下来祭祀先人的鬼魂了。

　　到了公元前605年，子文的忧虑成真。子文死后，他的儿子斗般继任令尹，子越椒担任司马。子越椒和工正蒍（wěi）贾合伙，在楚庄王面前诬陷斗般，斗般被杀了。子越椒接替斗般担任令尹，他又憎恶蒍贾。而楚庄王发觉子越椒权太重，就削减了他的部分权力，所以子越椒对楚庄王也不满。于是他带领若敖族人杀死蒍贾，反叛楚庄王。但是最后失败了，若敖氏被灭族。

　　当时子文的孙子克黄正在出使齐国归来途中，他没有逃亡，甘愿回国来受罚。楚庄王说："如果让子文没有了后代，还怎么能劝人为善呢？"赦免克黄，让他担任箴尹，为劝谏官。所以说，如果没有子文的功德，若敖氏被灭绝，恐怕班氏族系早就不存在了呢。

　　班氏族系的存续确实与令尹子文关系重大。子文父子三代都是以斗为姓的，而子文后人又改为班姓，这与另一个发生在子文身上的神奇事件有关。

　　斗姓变为班姓，是因为一只母性强烈的虎。再回到早先，熊仪娶了郧国一位女子，斗伯比就是她的儿子。当熊仪去世，斗伯比年幼，随母亲回到郧国。后来他与郧国君的女儿相爱，两人私生一子，郧国夫人令人将婴儿扔到云梦荒野，而巧遇云梦的虎母爱泛滥，将婴儿当成自己的孩子哺乳。郧国君，也就是婴儿的外公打猎经过，荒野里的这一幕惊恐了他，吓得跑回家去，他的夫人不得已吐露真情。国君命令把婴儿抱回抚养，同时让那一对情人结为夫妇。

这自然是值得纪念的不寻常事。在当时的楚地，哺乳称为"穀"，虎称为"於菟"，"穀於菟"成为这个婴儿最恰当的名字，再加上姓，他全名斗穀於菟，一个相当表意的姓名。这个婴儿就是后来的令尹子文，子文是他的字。

对虎的纪念延续到子文的儿子。据班固说，楚人又称虎为"班"，所以子文的儿子取名斗班。再后来，当公元前223年秦始皇灭楚，斗氏被迁徙到北方，在今天的山西、河北、内蒙古交界一带，开始以班为姓，班姓诞生了。

有人说子文是虎哺乳长大的，这过分了，果真那样他就成为虎了。他只是被哺乳过而已，即使这样，这件事在今天听来依然充满神奇。然而，远古的东亚大陆，百兽之王可以自由生活。那个苍茫的云梦之野是动物的世界，一个人类的婴儿不是虎的敌人，在母性虎的眼里，定是一个娇嫩的可爱小东西。所以说，这事神奇却不离奇，郧国君没有怀疑他眼睛看到的，后来，左丘明写《左传》也记录了，再后来，班固也毫不怀疑他祖先的这一段传奇。

这样追溯下去，班姓的世系传递真算是传奇。若不是郧国君看到虎乳婴儿的一幕，斗伯比的私生子怕是没有机会回到人间存活；若是婴儿伴着虎长大，就不会有日后的令尹子文了；若不是子文贤良，就不会有若敖氏的子孙能幸存下来，后来迁徙到北方的班姓那群人自然也不存在了。

二、北方的祖先们

湖北省的云梦县在当年为郧国地，在接纳子文的云梦之野。现在子文是云梦县的历史名人，那些迁徙到北方的后裔，陆续成为山西、陕西、甘肃的名人。

1. 北方人的偶像

西汉初期，"壹"是北边人艳羡的名字，这是因为班壹。他是班固的七世祖。秦始皇末年，班壹避地到雁门郡的楼烦，经营畜牧发家，有几千头的马牛羊。西汉初期与民休息，少禁忌，百姓可以穿华服，驾豪车，装饰旗帜，班壹豪富，何乐而不为！在刘邦的儿子惠帝、吕太后当政时，班壹每每出外打猎，旌旗飘飘，鼓吹震天，说不尽的荣华。班壹长寿善终，活到一百多岁。富豪又长寿，着实令人艳羡。

北方不少人取他的名字，聂壹就是其中一个。聂壹是雁门郡马邑一带的富商，他为汉武帝策划了"马邑之谋"，然后他自己到匈奴中去，游说匈奴攻取马邑县城，而汉军主力三十万埋伏在附近，乘机进攻。可惜这一计划被匈奴识破了。聂壹没有成就功名，反而将北边的匈奴和南边的汉廷一并得罪，最后不知到了哪里。

班壹的儿子班孺也是北方人的偶像。有了父亲经营起来的大家业，他不用操心生活，就做了个慷慨行侠仗义之人，赢得了民间歌谣的称颂。班固本人对游侠颇有微词，却坦诚赞扬班孺，看来这位六世祖虽是民间英豪，但也没有同中央政府冲突。

楼烦是班氏在北方第一个确知的籍贯。山西省宁武县志办的先生们说，班壹避地到楼烦是为了找一处好的牧畜场地，不是如大家想的，为躲避秦始皇末年发生的战乱。楼烦是好牧场，森林、草场遍布，确实能积累起马牛羊数以千群。

秦汉的楼烦县，今天山西省的朔州、宁武、原平都是它的地界。班氏故居可以说在宁武县，清代《宁武县志》记载的古迹里有班氏故居。说在原平市也合适，现在去原平市，还能找到班政铺、下班政、班村三处遗存，又有"三班故居"石匾出土。当是族系繁衍，多处生息，因而留下多处生息遗迹。

2. 再做父母官

当天下安定，光是富还不够，有财有官才叫富贵，在社会上才有较高地位。班孺任侠，并不讨厌把儿子送上仕途，他的儿子班长做到了上谷太守。上谷郡现在河北省张家口到北京地区北部一带，离他在楼烦的家乡不远。

西汉的太守是最高级别的地方行政长官，秩比二千石，因此古人习惯把太守称作"二千石"。有人说太守相当于现在的省部级，是个比较合适的对比。太守是最重要的父母官，百姓命运都握在他的手心里，所以汉宣帝常常感叹："百姓能安心劳作，没有愁恨地生活，只有良二千石能为我做到啊！"宣帝是史上有名的民间天子，出生不久就流落民间，知道民间疾苦，他渴望挑选到好太守。

班长应该是一个良二千石，从令尹子文那里可看到这个家族有良吏传统。他的儿子班回做到上党郡的长子县令，辖境在今天的山西省南部。

3. 甘肃的祖庙

班回的儿子班况比他的父、祖更有成就。在汉宣帝或汉元帝时，班况做到上河农都尉，这是管理北地郡（辖境在今甘肃省东北部到宁夏东部一带）屯田事务的长官。班况在任时，大司农两次考核地方官政绩，班况都是最优秀的。因为这一成绩，他被调到京城，做了左曹越骑校尉，为西汉掌领禁军的八校尉之一，品级二千石。

在班况的时代，一个更光荣的身份出现。班况的女儿，她的名字不知道了，她是以班婕妤的名字留名青史的，在汉成帝竟宁元年（前33）被选入汉成帝的后宫，不久立为婕妤，为汉成帝的宠妃。这样班况成了皇亲，当他退休的时候有千金资产。在古代千金不一定是具体量词，千金表示有极多的钱财。这时的班况，比他先祖班壹、班孺更荣耀。

班氏的籍贯也变了。班况先是迁到新丰昌陵县。新丰是汉高祖刘邦在长安附近仿建的沛县丰邑，是送给他的父亲太上皇的礼物，原丰邑的百姓带着一切搬来。有一句话叫着"鸡犬识新丰"，说的是新丰与原来的丰邑面貌完全一样，连鸡和犬们都能找到自己的门户。昌陵本是汉成帝的陵园，按照西汉制度，皇帝陵区设县，迁徙各地富豪来做新县的居民，新县要人烟袤袤、生动活跃才好。那迁居昌陵的五千户，要拥有五百万以上的资产才有资格。

如此看来，班况落籍昌陵是很体面的事情。

昌陵后来废罢了，没有建成。班况最后落籍长安，成为京城居民。

因为班况做过上河农都尉，班氏在原籍之外，在北地郡也留下祖庙。在王莽惹起天下大乱之后，班彪为躲避战乱从长安逃往天水，当他经过北地郡的泥阳县，顺路祭奠祖庙。泥阳县在今天甘肃宁县一带，兰州的学者穆长青先生说，班公庙在甘肃省正宁县、宁县之间，从汉、唐至明、清经久不毁。莫不是上河农都尉的政绩，长安城的皇亲，以及日后班氏的辉煌，所有一切保佑了那远方的祖庙？

班　固

三、长安城的兄弟

继班况之后，长安城里生活了两代班氏兄弟，班婕妤和她的三兄弟，还有三兄弟的下一代班嗣和班彪。那个时期，公元前的世纪即将结束，新的世纪即将来临，西汉王朝却走着没落的路。经过了汉成帝、哀帝、平帝的没落期，最后王莽代汉做了新朝皇帝，用班固的《幽通赋》来说，王莽制造了滔天大祸，生灵涂炭，华夏几乎泯灭了。班氏两代兄弟令人敬慕，他们有一种侠义，又有一种淡定，总算度过种种劫难。

1. 婕妤

班婕妤是汉成帝的爱妃。人们通常会说汉成帝好色，但实际上这一罪名不太适于皇帝。普天之下，皆为臣妾，他可以得其所好。但是成帝的确有艳福，许皇后、班婕妤、赵飞燕都是才色双全美女。他的前辈后辈中，只有武帝曾经相遇李夫人。当李延年在武帝面前舞蹈歌唱"北方有佳人，绝世而独立，一顾倾人城，再顾倾人国"，武帝幽幽叹息，说："唱得好啊！难道世上真有此人吗？"有的，李延年的妹妹就是。不久，武帝见到了一位妙丽女子，更惊喜地看到这女子舞姿绰约让人沉醉，这位女子就是李夫人。之后的故事是，李夫人薄命早死，当她缠绵病榻时，汉武帝来见，她被子蒙面，武帝哀请一睹芳容，也好嘱咐后事，李夫人说："妇人容貌不整，不敢见君父。""夫人露一下脸就好，我会赏赐你，也给你兄弟加官。"李夫人终究不肯，武帝不悦地离开。她的姐妹们埋怨："为何如此？让皇上见一面，也好托付兄弟啊！"夫人软软地说："所以不见，正是为了兄弟们啊。皇上喜欢的是容貌，见我色衰，爱就消失，恩惠也绝了。"果然，武帝记着她的美貌，以皇后的礼仪安葬了她。还思念不止，允许那个江湖骗子齐人李少翁招魂。朦胧夜色里，帷帐中的武帝恍惚看到一个美女子，来帷帐坐下，又缓缓离开，似曾相识，却不能执手，勾出武帝更多悲戚相思，为她作诗："是你吗？还是不是？我站立着渴望你，偏为何姗姗来迟？"李夫人良苦用心得到回报，她的哥哥李延年做了协律都尉，是管乐律的高官，另一哥哥李广利为贰师将军，封海西侯。由此可见才艺美女的魅力。

成帝的许皇后是父亲汉元帝包办给他的，那时成帝还是皇太子。这事也与汉武帝有关。汉武帝晚年宠爱钩弋夫人，太始三年（前94）钩弋夫人生子，就是后来的昭帝刘弗陵。妻妾成群的时代，大致是爱母及子，何况这位小皇子，据说是钩弋夫人怀胎14个月方才生产。汉武帝很迷信神灵，他相信这是吉兆，想那帝尧正是14个月而生！于是，钩弋夫人产房的门被命名为"尧母门"。那小皇子渐渐长大，到了五、六岁，长得又高又壮，又聪明多智，武帝说"这孩子像我"，钟爱无比，时常想起14个月而生的神奇，心下很想他成为太子。

在另一边，皇太子的母亲卫子夫已经当了35年皇后，早已色衰。而皇太子刘据也和他的母亲一样，变得不如意了。

征和二年（前91）汉武帝生病，他的亲信大臣、掌管上林苑和铸钱等事务的水衡都尉江充，说有人在用巫蛊诅咒皇帝，卫皇后、太子都有嫌疑。汉武帝在养病，皇后和皇太子前去问候却被阻拦。刘据愤怒地杀了江充，长安城人不明真相，都说皇太子造反了，太子真的调兵与丞相率领的军队大战五天，兵败自杀，他的母后卫子夫也自杀了。

刘据的妻子儿孙被连累而死，只留一个婴儿活下来，是武帝的曾孙。这位曾孙刚出生几个月，被投进监狱。但是不少人保佑他，他在民间长大了，最后做了皇帝，就是汉宣帝刘询。在民间他娶了一个暴室啬夫的女儿，是一个贱吏的女儿，叫许平君。昭帝元凤六年（前74），宣帝即位后，平君被封为婕妤。至于皇后人选一时还未定，当时大将军霍光当权，一些见风使舵的大臣看好霍光的女儿。这个时候，宣帝发出了一纸诏书，寻找他贫贱时用过的剑，大臣们明白了，于是上书请求立许婕妤为皇后。

元帝刘奭是宣帝和平君在民间生的儿子，虽然他的母亲许皇后后来被霍光夫人谋害，霍光的女儿做了皇后，宣帝还是坚持立他为皇太子。当元帝即位，他也挑了大司马许嘉的女儿许配给皇太子刘骜。许嘉是宣帝许皇后的堂兄弟，元帝的堂舅，辅佐元帝执政。许嘉辅政、女儿配皇太子，都包含着元帝对生母的怀念。最初元帝对这个婚配不自信，当人来报告，说皇太子见了许氏很是愉悦，他才放心，对身边人说："你们可以添酒祝贺我了。"

刘骜即位后，这女子成为第二位许氏家族皇后。许皇后美丽温婉，聪明伶俐，能读书，相当长的一段时间里成帝几乎只宠爱她一个。

然而，皇后的处境不太安全。正如她的堂姑、宣帝的皇后受到霍氏的忌恨，现在她也受着皇太后一族的压力。元帝的皇后、成帝的生母王政君，现在是皇太后，一个挺厉害的女子，她的兄弟王凤做了大司马大将军，之前许嘉为大司马车骑将军辅政元帝八、九年了，现在两人并列朝廷，而大将军高于车骑将军。要想使皇太后、皇后两家外戚和谐辅政，这谈何容易。西汉的惯例，皇后的父亲重于皇太后的兄弟，最初还有人还拿这惯例劝王凤尊敬许嘉，后来成帝只委任王凤一人辅政，许嘉退出，显然这是皇太后的意愿。作为王政君的儿媳，皇后有一些麻烦了。

她惹人议论的事情是太受宠爱，皇帝眼睛里只有皇后，后宫佳丽难得一见。皇太后和她那些在朝的兄弟们担心皇嗣不广，所以皇后应该与后宫佳丽分享皇帝。幸好，皇太后王政君还不是恶妇。

倒是皇后自己，随着年老色衰，同皇帝的感情也就淡漠了。成帝即位后，灾异不断，日食、黄河决口、江水也泛滥、地震、四月飞雪、沛县冶铁炉爆炸、铁水飞溢，等等，自从河平三年（前26）开始连接三年日食后，有几个大臣终于按捺不住，其实是想讨好太后和王凤，说，这些灾异昭示阴太盛，明指皇后。于是成帝下令，皇后的待遇不再按宣帝时期的制度，而是按照元帝时期的制度，降低皇后的一切费用，以此削弱阴盛。

原来，汉元帝比宣帝节俭，后宫待遇也低。皇后很是委屈，爱少了，难道也要变穷吗？她致书皇上理论，大意说：我的用度，是按照宣帝时的规定，我不敢逾制呀，为什么又用元帝的制度？以前我得到您宠幸时，这些宦官们就拿着小事约束我，现在一天天见弃了，又得到您这一诏书，被人操控着，向谁倾诉呀。您也不肯有一点赏赐吗？我拿什么活呀？还有，按制度我的祖父母用特牢祭祀，请陛下可怜，允许用特牢吧。

成帝的回复透着冷漠，他历数即位以来所有灾异，要皇后和他一起克己，说："孝文皇帝，是我的老师，皇太后，是你的榜样。皇后你要恪守道德，孝敬太后，节俭用度，为后宫树立榜样，一定不要懈怠！"

班婕妤应该是在许皇后失宠前就得宠了，许皇后颜色渐衰，而她正值妙龄。班婕妤是出类拔萃的才女，有音乐天赋，能作词，能谱曲，也能弹唱，有文才，能吟诗作赋，懂历史，常引经据典的，这些都让成帝喜欢又钦佩。还有，她谨慎地恪守着道德。

道德也许赏心，却不悦目。一次成帝游宴后庭，想和班婕妤并坐同一辆车，这位才女拒绝了，说："看古代的图画，好君主都是让名臣陪在身边，三代末主才会和宠姜同车游玩，您让我坐在身边，难道不是与那亡国君主相像吗？"多么明智的话，可是成帝听了会怎样？一个宠爱表示，反被比作夏、商、周恶名昭著的亡国之君，肯定心里怏怏。倒是皇太后听了很高兴，说："古有樊姬，今有班婕妤。"樊姬是春秋时期楚庄王的妃子，楚庄王是春秋五霸之一，樊姬像端正的妈妈一样管着他头头是道。她用拒绝吃禽兽肉的办法，让庄王戒了打猎的瘾，她亲自为庄王选妃，都是些美丽有德的女子，又劝庄王重用叔孙敖担任令尹。三年后，楚庄王成为霸主。连楚国的历史书都记载："庄王做霸主，樊姬有大功。"但是，汉成帝可不是楚庄王，他是享受人生的人，何况他已经天下独尊，不需要争霸。他需要玩伴，而班婕妤却做不到及时行乐。

所以，当赵飞燕姐妹出现，班婕妤便黯然失色了。成帝阳朔三年（前22）大将军王凤死了，成帝三十出头，还在贪玩的年纪，失去管束放肆起来。常扮成普通人，带着十几个随从，乘小车或骑马，游逛长安城，有时甚至到别的县斗鸡走狗。赵飞燕就是成帝微服出游时相遇于阳阿公主家，她美丽得光彩夺目，她的歌声也很美，更美的是舞姿，让成帝十分着迷。她把妹妹合德也献给成帝，合德容貌还要美，又十分温柔。

赵氏姐妹最初都被封为婕妤。和班婕妤不一样，她们可不在乎道德，她们千方百计做的就是让皇帝永久爱恋她们。她们真的很成功，她们设计让许皇后被废，捎带着差一点驱除班婕妤。别的嫔妃生子，她们哭哭啼啼地闹着非要杀掉那婴儿不可，而成帝竟然允许。她们有一种美容秘方，皮肤如凝脂，散发甜蜜香气，死死迷住了成帝，绥和二年（前7）成帝驾崩，他最后一刻都是和赵氏姐妹在一起。

成帝鸿嘉三年（前18），赵飞燕告发许皇后、班婕妤诅咒皇太后和皇上。皇后被废。当班婕妤被审问，她依旧沉静，说："死生有命，富贵在天，行善尚不一定有福报，何况为恶？若鬼神有灵，不会接受不正当祈求，若没有，祈求他又有什么用？所以我不做这等事情。"这一番话让成帝欣赏又怜悯，下令释放了她，赐黄金百斤。

那赵飞燕为何诬陷许、班二人？许皇后虽然早已失宠，却占着她们艳羡的位子，皇帝握在手心里了，皇后却是别人！至于班婕妤，她以道德立身，不是好玩伴，却是成帝尊重的人，这更难容忍。

许皇后被废，赵飞燕成为皇后。班婕妤请求成帝让她到长信宫侍奉皇太后，暂时找到一块安全地。

直到绥和二年（前7）成帝死，做了25年皇帝的他都没留下一个皇子可继位。在他去世之前，他同父异母兄弟的儿子定陶恭王刘欣被立为皇太子，其实就是过继兄弟的儿子。刘欣的奶奶傅昭仪，另外还有一个冯昭仪，都曾是元帝宠爱过的妃子，都有子孙。傅氏比冯氏有心计，为了让孙子继位送出不少人情，王皇太后的家人，还有赵飞燕姐妹都替她说话，所以她的孙子成了皇太子，在成帝之后即位，为哀帝。

当刘欣即位，赵飞燕自然升为皇太后。第二年，哀帝的祖母傅太后和生母丁姬都称尊号，一个称帝太太后，一个称帝太后。哀帝的皇后也来自傅氏家族。

这样，一个新的外戚集团出现，就是傅氏。帝太太后杀气腾腾的，赵飞燕有援立哀帝之功，傅氏感激她，对她还算和气。此外，王政君代表的王氏家族，自成帝即位开始执政已有二十多年，这使傅氏如鲠在喉。傅氏一旦称了尊号，与王政君说话时，称王政君为"妪"，这是对一般妇女的称号，一点也不尊重她。另外冯昭仪也需要清除。对冯昭仪的嫉恨可能早已存在，想当年两人并列昭仪时，元帝曾与后宫到虎圈看斗兽，一只熊跑了出来，傅昭仪和其他贵人仓皇而逃，冯昭仪挺身阻挡在御座之前，不让那只熊伤害到皇帝，自此元帝特别敬重冯昭仪，这令傅氏心生怨恨。

在傅氏气焰正盛的时候，那位被称作"妪"的王政君命令她的兄弟侄子交出官印，离开京城回自己的封国去。还有，除了墓田，其他田地全部分给贫民。

至于班婕妤，她去了成帝的陵园延陵。一个被遗弃的守陵女子，不值得太后们处置。五年后黯然去世。

结局是公道的。不管怎样班婕妤善终。孤独的日子里她有丰富的文学创作，现在我们还能读到美丽的《自伤赋》和《捣素赋》，奉她为文学家。

那赵氏姐妹，虽然赵飞燕做了皇后，赵合德做了昭仪，为皇后之下最高贵的一级皇妃，皇帝热爱着两姐妹直到生命终止，但是成帝一死，合德被谴责，被逼自尽了。赵飞燕因为赞同立哀帝，暂时保全五、六年。到了元寿二年（前1）六月哀帝一死，太皇太后王政君马上驾车赶到未央宫，收取皇帝玉玺，抓住了权柄，随即召回她的侄子王莽再度当政。八月，王莽清算赵氏杀皇儿之罪，赵皇太后也自尽了。

至于成帝的那位许皇后，除了可怜还是可怜。她缺少的是班婕妤的那份淡定。当她受着王太后家族的压力，皇帝恩爱不再，仍不肯忍受节俭一些的待遇。当赵飞燕已经做了皇后，不顾赵氏姐妹何等阴毒，竟然相信她姐姐的荒诞情人淳于长，说帮她在皇太后那里说话，让她做一个左皇后，这哪里是赵皇后能容忍的！她最终还是把自己葬送了，被迫自尽了。

2. 皇帝的朋友

班婕妤的三个兄弟，班伯、班斿、班稚，都曾是皇帝的少年朋友。

班伯应该是班况的长子，因为他的名字是"伯"。和班婕妤一样，他人生大部分时间属于成帝时代。他的时代早已是儒术独尊，他首先学习的是《诗经》，老师是西汉著名的大学问家师丹，当朝执政的大将军王凤是他的第一位伯乐。王凤欣赏班伯，将他推荐给汉成帝，成帝在宴昵殿召见他，这是专门给亲戚们聚会的地方，班伯气宇轩昂，侃侃而谈，马上征服了成帝，做了中常侍。当时成帝也在学习中，大学问家郑宽中、张禹早晚在未央宫金华殿讲

《尚书》《论语》，成帝让班伯同学。班伯成绩好，迁官为奉车都尉。就这样伴着皇帝，每天读读书，还做着清闲的官。

几年后金华学业停止，班伯和王皇太后、许皇后家的纨绔子弟为群，为京城贵公子，但这不是班况喜欢的生活。

北方人的慷慨豪情流在血液里，班伯向往冒险，可是他的时代天下太平，上天倒是不停地展示不满，日食、地震、大水，灾异频繁，人类的种族之间却相安无事，匈奴经过武帝时期的全力打击，变得温顺，而从前的岁月里，对匈奴作战曾使多少英雄成名！好不容易，一个机会在河平四年（前25）出现。这年正月匈奴单于将要来长安朝拜，成帝让班伯到塞下迎接，正赶上定襄郡的豪强石、李不知与何人有私仇，擅自把人杀了，这是犯法的事，官吏来捉拿，把官吏也杀了，这就算是造反了。班伯上书，请求试做定襄太守，捕获这伙人。

定襄郡大致在今内蒙古长城以北的卓资、和林格尔、清水河一带，差不多也是若敖氏子孙迁徙北方后最初的生活场地，有不少他祖先的故交。定襄人听说班伯出身高贵，少年气盛，毛遂自荐来这是非之地，害怕他下车伊始就发威，都小心翼翼的。班伯是读圣贤书长大的，是威而不武的君子，不是武夫。到郡后，他遍寻父祖辈的朋友，每日宴请他们，高朋满座，酒食丰盛，而太守本人放下官架子，对老人们行子孙礼，这可是很高的敬礼。老人看班伯不用威刑，天天陪老人喝酒，都松了一口气。他礼敬的这些人也都豪爽，就像他的曾祖班孺，老人们被招待了好多天，心身俱醉，想报答他，于是劝班伯缉捕贼人，详细告知他们藏身的地方。这正是班伯想要的，他马上召见定襄郡各属县官吏，挑选那些精明有进取心的，令他们率兵分头出击，十天后，所有贼人被一网打尽。这差不多可称为迅雷行动，一郡惊服，称为神明。

长安城里的皇帝对昔日的少年同学刮目相看。一年后，班伯被征回京，因为南下路线经过雁门郡，上书请求回故里祭扫祖墓。古代，官员在官务途中不能随意行动。成帝不仅允许，而且命令周围一带的郡守、都尉、县令等长官全部赴会。班伯衣锦还乡，宗亲们前来聚会，各地地方长官则带着皇帝的光环纷至沓来，真是一场盛会。这不是班伯一人的光荣，当地人也引以为荣，直到清代修宁武县志，依然追诉那一场盛大聚会。

回长安路上却遭遇挫折，年纪轻轻的班伯竟然中风了。因为定襄郡的功勋，因为与成帝、王凤的友好关系，班伯被拜为侍中光禄大夫回家养病，还常常得到皇帝的赏赐。这一病就是好几年。

然后，班婕妤那里也出事了，就是鸿嘉三年（前18）赵飞燕诬陷案。当许皇后被废，赵飞燕做了皇后，班婕妤躲到了皇太后那里。成了失宠的外戚，班伯小心回避，他正好在病中，上书皇上，说自己病得很厉害了，事实上并非如此。过了一段时间，成帝外出路过，来家里看他，他不敢再装病，只好上朝办公。

但是成帝已经变了一个人。与几个不良贵公子结伴游乐，其中就有许皇后姐姐的情人淳于长，出行则同车，回宫则宴饮，比拼酒量，恣意喧笑。班伯为侍中，也要参加。成帝时不时地望着他，好朋友回来了让他高兴。冷不丁的，成帝指着乘舆帷幄上面的商纣王和姐己长夜之饮图，问班伯："纣王真的那么坏吗？"班伯回答说："纣王不是那么不好，只是他甘于荒唐，于是天下的不好都归到他身上了。《诗》、《书》说了，淫乱之源，都在于酒。"这一席话像浇下一盆凉水，成帝说："我久不见班生，今天又听到了善言!"那几人听了不高兴,宴会随即结束了。

这一场景和几年前班婕妤拒绝同车一样,都让皇帝的兴致冷静下来。正好太后宫中有人来,把班伯的话传了过去。那时皇太后对成帝的荒唐无可奈何,当成帝去向母亲请安,太后哭着说:"看皇上又瘦又黑,班侍中是大将军举荐的,应该尊重他,让正派人辅助皇上。"

结果还算好,那几个公子哥离开了,成帝的老师许商、师丹和班伯为侍中陪着皇帝,成帝不再热衷于游宴,重新研读经书。浪子回头,让人欣慰。

不久,班伯去世了。他的大弟弟班斿早亡。小弟弟班穉(稚的古体字)为黄门郎中常侍,也是侍从皇帝的官。

班穉的处境最尴尬。元寿二年(前1)哀帝死,没有子嗣,王莽派人去中山国(今属河北省)将元帝的庶孙、九虚岁的中山王刘衍接到长安即皇帝位,是平帝。平帝的母亲和舅舅们却不许到长安,后来基本被清除了。太皇太后王政君临朝称制,大司马王莽执政,百官听命于王莽。王政君年已古稀,十个月后宣布退隐,王莽主政。过了六、七年,平帝长到十五、六岁了,渐有怨恨母子被隔绝的言语,于是,皇帝腊日喝的椒酒里添加了一种毒素,平帝生病、驾崩了。

平帝死,元帝一支绝了。更向上追到宣帝的后代,从中选了宣帝的玄孙刘子婴,子婴中选原因是他只有两岁,当时王莽的人气已经冲天,只需要一个道具。

在中国古代史上,怕是没有第二个人像王莽一样,曾掀起过那么广泛的个人崇拜运动,官僚、百姓表达崇拜的主要形式是从大自然寻找符瑞,或者亲自替上天制造,不是给皇帝,而是献给王莽，为了感谢他辅助幼主，那么仁爱，又那么谦恭。六年前平帝即位时，他已被奉为安汉公，现在，上天启示再次降临，右扶风武功县的县长凿井，得到一块白石，白石上圆下方，上面丹色写着"告安汉公莽为皇帝"。王莽仍然对天谦让，只称居摄，不正式称为"皇帝"，以子婴为皇太子。到了居摄三年（8），王莽再也无力拒绝"上天和人间的感召"，正式称帝。自夏启以来第一次王朝禅让顺利完成。

从心理学分析那一场运动，有三种原因，或许有人真心痴迷王莽，另外两种可以肯定，一种是讨好牟利，一种是从众免罪。

早在平帝元始四年（4）二月，太仆王恽等八人分行天下观览风俗，历时一年，各地齐声报告祥瑞和颂歌，王恽等满载而归，收集歌谣三万多字。民间歌谣不长，三万言应该有许多首。可怜的是，唯有两个地方行政长官站在运动之外，一个是琅琊太守公孙闳，一个是广平相班稚，班稚为广平国的行政长官，因为广平郡有诸侯封国，行政长官不称太守而称为相，这是西汉制度。公孙闳十分可敬，他不仅不报祥瑞，反而上报灾异。班稚则保持沉默，没有符瑞，也没有称颂的歌谣。

班稚与王莽是少年时代的密友。王莽年纪在班斿、班稚之间，他尊敬班斿为兄长，把班稚当做弟弟宠爱。班稚与王莽的这种关系正好比班伯与成帝。他的姐姐和大哥不曾附和，现在他也做不到。

虽是出于谨慎，沉默仍然危险。在狂热的运动中，不歌颂就是反动，没有中间立场。这两个人马上被治罪，大司空甄丰奏劾班稚、公孙闳"嫉恶圣政，大逆不道"，这样的罪名足以致死。

太皇太后不忍，她说："不歌功颂德罪过轻一些，不应该和上报灾异的同等处罚。再说，班婕妤有贤德，我很怜悯她的家人。"公孙闳被投进监狱，被杀了。班穉这时真正感觉到恐怖，上书给太后，说自己有罪，感谢太后救命之恩，不敢再做广平相，希望允许他做一名延陵园的郎官，陪伴成帝的英灵。太后允许，为他保留郡守俸禄终身。班穉与他的姐姐一样，最终伴着成帝的幽灵而去。

3. 一份稀世赐予

与兄、弟相比，班斿文人气质更浓。班固说他"博学有俊才"，在古汉语里"俊"原指才智超群的人，这个才智超群的人却不长寿，他大约在成帝永始到元延之间（前16—前9）去世，只有三十岁左右。

成帝时期一项意义深远的工作启动，整理先秦以来的文献古籍，这是中国学术史上的重要事件。这项工作往往冠以刘向、刘歆的名字，因为他们是总负责人，刘向去世后，儿子刘歆继续。两人将文献分门别类，分别写了《别录》《七略》，现在我们称《别录》为目录学的鼻祖，《七略》在《别录》基础上完成，是完整的目录学著作。

班斿作过议郎、谏大夫、右曹中郎将，是些清闲的官，他的具体工作是与刘向一起整理图书。图书因为藏在皇宫，当时叫作秘书。那时造纸技术还不成熟，主要书写材料是竹简，因为来之不易，书籍非常宝贵。整理工作要时常汇报，有些书，成帝喜欢听人读，班斿被选作朗读者。

难以想象班斿多么深地感染了成帝。这种读书并不像今天我们理解的，有好的声音，令人愉悦的语调就可以了。若从商代开始，到西汉成帝时代文字书写已有一千多年历史，书法和读音都有变化，正如我们读几百上千年前的古汉语，很多书也是成帝时代的古汉语，读起来并不容易，他需要边读边讲解，否则不仅成帝，很多人都会如听天书。

成帝荒唐过，也还是一个读书人。他深知这位读者具有怎样的才华，他值得拥有天下图书！于是整套秘书副本被赐予班斿。因为这份赐予，令人不由对成帝生出几分敬意。有一对比，成帝的叔叔曾经请求《太史公》和诸子著作，大将军王凤不许。《太史公》就是《史记》，诸子著作如《韩非子》、《吕氏春秋》等等，都是那个时代的名著。现在成帝竟用整套的秘书副本赏赐！而且，这份礼物成帝算是送对了人。

在古代政治意识里，赏赐是上天赋予皇帝的权力，也是义务，他必须对臣民的一功一善及时适当地赏赐，否则有天谴。对于臣民而言，皇帝的每一份赏赐都是无上荣耀，然而，这份稀世赏赐的意义似乎不仅仅是荣耀。如果《汉书》注定由班固一家人完成的话，这可说是神谕。

4. 班叔皮与安陵

班伯去世时三十八岁，不见他有儿女。班斿有一子班嗣。班穉也有一子，即班彪。班彪字叔皮，在古代，儿子不能直呼父名，班固在追述家族史时，称他"叔皮"。

从班嗣、班彪的名和字可以了解班氏兄弟的家庭模式。至少从班伯兄弟那一代我们可以看到班氏男儿的命名原则，"伯"这名字表示班伯是长子，班穉的名字"穉"表示他出生较晚，上面有兄长。班彪两子的名字也是长幼有序，班固字孟坚，班超字仲升，"孟"、"仲"表示他们为长子、次子。班彪和班嗣虽然不是亲兄弟，仍然按长幼命名，班彪字叔皮，表示他是二弟，而班嗣的名字很像是表示他是班伯兄弟的第一位子嗣，最先承担了传递香火的责任。相信班伯三兄弟在长安城是同宅共产，通俗地说是没有分家，所以班嗣、班彪像亲兄弟一样按长、幼命名。三世、四世甚至五世同堂曾是中国传统家庭模式，这一模式具有道德意义，蕴含着古代社会所尊崇的孝悌理念，长辈严慈，晚辈孝顺，兄弟友爱。

算起来班彪出生年是西汉元始三年（3），在王莽操控的平帝时代。虽然时代纷纭，父辈时有磨难，对这两兄弟来说，他们成长的岁月却可谓黄金时代。两人家有藏书，生活富足。读书人仰慕班氏，常常有远方来朋，一睹群书。父辈的朋友莫不造访，其中有大文学家杨雄杨子云。他们的家园俨然是一个繁华的文化中心。

班嗣最重老子、庄周。班彪则没有学派好恶，他关注圣人之道，关注国家、社会、人生的道德和规律，或许正是这一点促使他日后转入史学。司马迁的史学宗旨是"究天人之际，通古今之变"，这深深影响着后来的史学家，班彪有着同样的思想。

作为一名历史学家是日后的事。到了弱冠的年龄，他必须应对生存危机。王莽自从掌握西汉政权，用了十年时间终于激起普天逆反，又一个生灵涂炭的时代来到，让班彪这位二十岁年轻人的黄金岁月一去不返。

王莽天凤四年（17），在当阳绿林山（今湖北省大洪山）崛起一支反王莽的义军，第二年，樊崇在琅琊（今属山东省）起义，著名的绿林、赤眉起义拉开战乱时代的帷幕。随后各地豪杰揭竿而起，一时间多少山头林立。在历史上，古代所有反政府暴动都曾被称为起义，而其行为大多与盗贼无异。

在公元25年之前，战火迟迟没有烧进三辅地区，西汉把长安、右扶风、左冯翊称为三辅，是西汉心脏地带。两年前的公元23年更始政权逼近长安城时，长安城内少年放火烧未央宫，这把火将王莽逼上渐台，被义军杀死在那里，新朝结束了。更始是绿林军建立的政权。先是，西汉宗室后裔刘玄参加了绿林军，公元23年被立为皇帝，建立更始政权。进入长安，驱除王莽，恢复西汉天下，是更始政权的伟大目标。为了这个目标，更始军队虽然本非良善，却对长安城保护得很好，除了未央宫，其余宫殿、供帐、仓库、官府都完好，长安城内生活照旧。

赤眉也立了一个刘氏远属刘盆子做皇帝，与更始竞争。更始三年（25）九月，赤眉战败更始，进驻长安城。赤眉起义军因染红眉毛而得名，以汉人的相貌特征，红色眉毛着实吓煞人。这支义军实质就是盗贼，所到之处洗劫一空。有一可泣可笑事，赤眉进入长安后的第一个大年初一，赤眉君臣元旦聚会，刘盆子哭闹着要求废了自己，说："你们立我当皇帝，还是到处当贼，让四方怨恨，都是因为我不称职啊。"樊崇众人拼命叩头，说："都是臣等不好，以后不敢放肆了。"然后果真安静了，一时间三辅庆幸，逃亡的长安人纷纷回家。过了二十多天，赤眉军再也把持不住，大掠如故。

班彪应该是更始三年（25）赤眉进入长安城后离开，与长安人一样，他不得不逃亡。他先到天水郡（现在甘肃定西市到天水市西北一带）。也是在赤眉入长安后，在长安城担任更始政权御史大夫的隗嚣回到家乡天水，利用当地力量杀了王莽任命的天水郡长官，成了天水的领袖。三辅俊杰多来投靠他，班彪是其中一个。

更始三年（25）六月，那时长安的更始政权正遭遇赤眉的围剿，西汉皇室后裔刘秀在洛阳建立政权，这就是东汉，刘秀为皇帝。那时期相传一个谶语，说一个叫刘秀的人将赢得天下，重建刘氏王朝，但是许多武装团伙似乎并不愿意相信他是真命天子，所以他必须消灭异己。其中隗嚣在天水，窦融在河西，公孙述在蜀，这三人向背对刘秀影响最大。

隗嚣起初服从刘秀，刘秀给予他很高礼仪，叫着"抗礼"，就是二人礼仪平等，不相上下。但是隗嚣内心很想另立王国，大致在刘秀建武五年（29），班彪劝隗嚣归依刘秀，隗嚣不听。既然政见不同，班彪离开天水郡，继续西北上来到河西依附窦融。

班彪从建武五年（29）来到河西，直到建武十二年（36）才离开，随窦融回到东汉都城洛阳。那时刘秀完成了统一大业，又一个太平盛世即将开始。

十年避乱，班彪已为人父。大致在建武八年（32），班固、班超兄弟出生在河西，一双子嗣算是他的一份收获。羁旅漂泊之中，这一双子嗣带给他希望，他为长子取名固、字孟坚，次子取名超、字仲升，希望兄弟二人坚强地生活在世上，并有所建树。或许，与窦融的关系也是一份收获。在内地大乱时，窦融治理河西安定繁荣。当刘秀建立政权，窦融也考虑过何去何从，决定尽心于刘秀，班彪作为其从事中郎，是他致刘秀书信的起草者。还有第三个收获，就是河西时期的班彪已经得到了东汉皇帝的关注。窦融的向背对刘秀来说非常重要，若窦融与隗嚣联合，或同样自建王国，刘秀对西北的控制将极其艰难。相反，有了窦融支持，形成对隗嚣前后夹击，收复西北就容易多了。班彪本人早已归心刘秀，天水时期他已经劝说隗嚣归属刘秀，又写《王命论》阐释刘秀政权必然胜利，再作为窦融的亲信，刘秀所读河西来信的起草者，所有一切令刘秀关注到他。

回洛阳以后的十八年里，班彪陆续做过几任不大不小的官，临淮郡徐县令，司徒府掾，明帝永平元年（58），他在中山国望都县长任上去世。

班彪终生做官到一千石，比父辈的差距甚远。班固这样评价他：当官不为俸禄苟且，往往不如长官意。后世史官称赞说："班彪以通儒上才，身处乱世，言行正直，不急于当官，守贞节而不得罪人，立志修史，守贫贱而不愁闷。"看来，班彪淡泊一如其父辈。

与当官相比，或许他对历史著述更加热心。司马迁的《史记》止于汉武帝元狩元年（前122），那一年汉武帝登陇首获瑞兽白麟，所以改年号为元狩表示庆贺。司马迁之后，许多学者如扬雄、刘歆，尝试续写西汉历史，大多没有司马迁的史才，从班彪对《史记》的批评和他留存的一些篇章看，他可与司马迁媲美。

史传班彪写成65篇，又一说百余篇，这可作为他留给班固的一项遗产。班彪对于史书体例的理解，对以往史书的优劣比较，尤其是对《史记》的认同和批评，都融入《汉书》之中。

自班彪开始，班氏家族被称为扶风安陵县人。安陵的家应该是班彪留给妻儿的另一项遗产。在建武二年（26），因为长安城粮绝，赤眉政权撤离长安，离开前纵火，宫殿、居民区烧成一片废墟。当班彪自河西返回，长安城的班氏故居早已不存，回到洛阳的班彪为浮萍之人，他需要选定一处安身之地。古人总希望叶落归根，这个根就是家乡。

安陵是西汉惠帝刘盈的陵园，设安陵县，大致在今扶风一带。班彪没有择居洛阳，而是安家到旧都附近，不知何因。窦融是扶风平陵县（今咸阳一带）人，河西时代班彪是他的亲信僚属，班彪择居扶风不知是否与此有关。不管怎样，二人现在倒是真的成了同乡。东汉时期的班氏、窦氏是两个有缘分的家族，这种缘分可以追溯到窦融、班彪的河西时代。

有一点可以想象，经过了那一场战乱，重新安家不免会考虑安全因素。班彪熟知历史，和平与战争正如昼夜交替，所以他选择了远离政治中心的地方。班固兄妹理解父亲良苦用心，班固《幽通赋》写道："王莽罪过滔天，华夏将泯灭，我父遭遇祸乱，终于平安度过，为我留下好法则，选择安陵县上仁里为家。"他的妹妹班昭解释说："好法则就是选择好居处。"

以后漫长的历史时期里，战乱无数，黄河中下游平原尤为酷烈，但是班氏一旦扎根安陵，直到明代犹存。明万历十四年（1586），观察使黄炜主持泾原军务，当他来到扶风，没忘了访问班氏后裔。当地父老说，自班彪择居到此处，班氏再也没有迁居。当时班氏桑园故地尚在，只是物是人非。黄炜探访到了班自江，已经贫苦憔悴。黄炜令扶风县令为他置田于班氏桑园故地，称"广育庄"。

到今天，班彪选择的好居处还能找到，今天陕西省扶风县城南约一公里的南台村就是。不远处，在扶风县城以东十公里的浪店肖家沟北，在西宝公路附近，班固的墓还好好地保存在那里。

如此看来，择居安陵确属明智之举。但是，或未可知的，难道不是一种功德保佑了他们？或许这一功德正是班氏家族的史学事业。世上没有哪个民族像中国人这样重视历史，记住历史，让世人能够了解过去，因而能够看到未来，这确实是永存不朽的功德。

明代扶风有班氏桑园故居，说明班氏曾经营种植业甚至丝织业，植桑是丝织业的基础。另一些传说似乎也说明班氏少有产业，兰台村有"马沟"，是班家牧马饮水的通道。今陈家庄一带有班家的牧马场。还有"马沟命名"、"智取盗马"、"巧计追马"，都是班固兄弟的故事。有这么多和马有关系的遗迹、故事，或许可以确定班家从事过牧马业。在古代中国，马非常重要，冷兵器时代里马与人共同组成最强战斗力，在机车时代以前马也是首要交通工具，长途交通更是非马不可。

不过不敢相信，班彪生前他们就有了这些产业。班彪不是能经营的人，史官说他"不急于当官，守贫贱而不愁闷，或许因为世道未宁，不以贫为耻吧？"有事为证，建武三十年（54）班彪去世，全家回到安陵，几年后班固回京城做官，母亲弟妹跟去洛阳，班固的微薄俸禄不足以养家，班超需要为官府抄书挣钱补贴家用。若家有产业，何至于此！

社会关系也不是班彪擅长经营的，所以他撇下两个儿子无人提携，难得做官的机会。但看班固、班超两兄弟一生，那样地渴望建功立业，曾经的艰难生活也是一种激励。

四、两弟妹

　　班固一弟一小妹，班固、班超年龄相仿，班昭却比两个哥哥年少了十七、八岁，失去父亲时班昭五岁，在兄长羽翼下长大。

　　这兄妹三人都曾在他们的时代里独当一面，成就伟业。班固写《汉书》过程中班超深入西域，在三十年里让那一块孤独不安的土地与中原相接。与两位兄长相比，班昭一点都不逊色。她才华横溢，却恭谨得令后人批判。她的才华融入《汉书》，她的恭谨凝聚为《女诫》。《女诫》曾被后人抨击，公道地说，直到今天，《女诫》依然值得好女子从中寻找行为准则。

1. 四十年兄弟

　　班超是班固的弟弟。有一点奇怪，从某些历史资料看他们是同年，都生于光武帝建武八年（32），而没有资料说明两人孪生。也有学者明确提出班固年长一岁。不过这些不是很重要，可以撇下不谈。

　　班彪去世很可能令家人倍感失落。他本有一份养家糊口的俸禄。按照汉代制度，品秩为一千石的官，妻子儿女有赋税豁免权，这也很重要。他一旦弃世，所有待遇不在，生活的担子落在兄弟两人身上。史官称赞班超"勤苦，不以劳作为耻"，应该是这一时期的事情。

班超为人可说是英雄虎胆，一生留下许多传奇故事，第一件就是赴京救兄。

东汉明帝永平元年（58），父亲去世四年后，班固开始写西汉历史。他应该没有想到违禁，因为他的父亲已经写过，父亲之前也有人写过。到了永平五年（62）有人上书皇帝，告发班固私自改写国史。官府下令扶风郡逮捕班固，将他提到设在京城的京兆狱。这时还有一个事件很可能加重班固的危机，前不久扶风郡人苏朗被告伪造图谶，已被处死。同为扶风郡人，班超担心官吏会把班固牵扯到苏朗一案，如果刑审逼供，班固恐怕难以自明。班超紧急赶到洛阳，递上申诉书，得到皇帝召见，向皇帝解释班固的写作意图。这时扶风郡将书稿送到了洛阳，明帝阅读书稿，对作者的才华大为惊叹，立即在校书部召见班固，将他拜为兰台令史。就这样，班固竟然因祸得福地成了国家的正式官员。

一场恐怖以喜剧结尾，班固一家又进入官场，回到洛阳。

虽然回到了都城，但家庭贫穷，日子比在安陵还要艰难。兰台令史只是百石级别的小官吏，俸禄不足以养家，班超去为官府抄书补贴家用。在印刷术发明之前，所有书籍都为手写。东汉初期以来，读书人渐多，对书籍需求增加，官府或私人往往雇人抄书，使抄书成为一种职业，班超就这样做了官府的雇工。

回到洛阳时班固、班超年近三十，班固侥幸做一小官，算是进入仕途，班超却看不到希望。兄弟之间往往性格反差很大，班固文，班超武。一次抄书烦了，班超投笔哀叹："大丈夫应该像傅介子、张骞立功异域，以取封侯，怎能长久做这抄抄写写的事!"周围人都笑了,班超说:"你们怎么知道壮士的志向啊!"汉武帝时汉中人张骞(今陕西省汉中人)第一次出使西域,打通中原同西域的联系,被称为"凿空"。昭帝时期北地人傅介子(今甘肃省人)出使西域,杀死楼兰王,疏通西域。张骞封博望侯,傅介子封义阳侯。立非常之功以封侯传世,凡是血性男子都有此理想,不止班超一人。

　　班超也做过兰台令史,大约在永平八年(65),为明帝亲自拜官。几年前班超对皇帝申诉他哥哥的冤屈,想必是陈辞慷慨,令皇帝印象深刻。事实正如此,连史官都特别记载说班超"有口辩"。一次明帝见到班固,想起了他的弟弟,询问得知班超正在给官府抄书,于是拜他为兰台令史。后来不知受到何事牵累,班超把官丢了。

　　到了明帝永平十五年(72),出人头地的机会终于来到。这一年东汉决定出击北匈奴,窦融的侄子窦固为三路大将之一,班超为窦固大军的假司马从征,假司马为临时委任,还不是正式官。

　　第二年二月出征。窦固一路大军的征伐方向是西北,穿越今甘肃河西走廊,班超率兵另路更向西北进取伊吾卢。伊吾卢在今新疆哈密,为东西交通要冲,北匈奴呼衍王镇守在那里。班超驱逐了呼衍王占领伊吾卢,在那里置官署,留士兵屯田,作为西北地区的根据地。其他两路大军一出平城(今山西大同),一出朔方(今内蒙古南部杭锦旗一带),都无功而返。

　　伊吾卢之功算在主将身上,窦固因此由骑都尉升为特进。班超的收获是他有了展现自己的机会,开始崭露头角,十年前他赴京救兄已经令皇帝印象深刻,现在,当窦固向皇帝汇报班超夺取伊吾卢的战况,并申请派人出使西域清除北匈奴的威胁,明帝说:

"有了班超这样的将领，为何还要另外派人？现在就任命班超为军司马出使西域。"

明帝永平十六年（73），两兄弟年近四十，分离之后，再没有见面。

2. 三十年西域

在中国历史上，"西域"是一个有分量的称号。司马迁用西域一词代表今天甘肃省玉门关以西地区，这是广义的西域。狭义的西域指玉门关到帕米尔高原之间的那片土地，是班超镇守三十年的西域。帕米尔高原在中国古籍里叫着葱岭，因野生葱而得名。

今天，在新疆境内塔克拉玛干沙漠南北两缘，分布着两串绿洲城市。从东向西，北边有吐鲁番、尉犁、焉耆、库车、温宿、阿克苏、阿合奇、喀什，南边有若羌、且末、民丰、于阗、莎车，等等。从远古起，沙漠南北的绿洲地带就是人类丰饶的生活场地。从地图上看，两条绿洲地带围成椭圆，将塔克拉玛干沙漠包围，绿洲点缀其上，连接成为穿越沙漠的两条通道，形成著名的欧亚大陆丝绸之路的中间一段。

塔克拉玛干在维吾尔语里是"进去出不来的地方"，又称"死亡之海"。千百年来沙漠北缘的绿洲城市没有太大移位，到现在，龟兹的石窟群还留在库车境内。相比之下，远古那些南缘的绿洲城市，如著名的楼兰、精绝、捍弥，于阗早已隐身沙漠，相对应地，现在的若羌、民丰、和田分别是它们南迁的新家园。风，与极度干燥、酷热、严寒一起，组成沙漠的造物神。东北风来自东部，西北风来自西部，玄妙地殷勤合作，呼啸着将流沙驱赶南迁，旧城日渐埋没，新城南逃。

然而，在大自然的杰作中塔克拉玛干又可谓得天独厚。自帕米尔高原向东，天山、昆仑山伸出，如同两条臂膀拥护着沙漠。在沙漠以西、以南和以北，从帕米尔高原、昆仑山北麓、天山南麓，雪水涓涓而下，滋润沙漠，绿洲生成。绿洲水草丰美，物产丰饶，人类活动得以展开。而古城消失是长时段的事情，由最后那不幸的几代人承受，在此之前生活还是富足的。

　　这样的西域，在欧亚大陆东方两大民族的眼睛里，是宝地，也是要地。匈奴，在三百多年里作为秦汉王朝的伟大敌人雄踞北方，生活在今天内蒙古至蒙古的广大区域。在匈奴的生活场景里，东为大海，北为极寒地带，而西、南是温暖、富庶的可伸展区域。正如中国一样，西域也很富饶，且绿洲城邦彼此隔离，对比泱泱中国更容易征服。对中原王朝来说，西域的意义首先是军事。匈奴雄踞北方，西域无疑如其右臂，是有力的拳头。控制西域，断匈奴右臂，这在西汉、东汉都极为必要。还有，西域坐落于欧亚大陆中心腹地，欧亚大陆各地区文化交流早已存在。商周时期，和田的玉、西域的马已经来到中原，春秋战国时期中国多内战，对外联络一度中绝，当张骞凿通西域，汗血马、葡萄等物产传入，西方人以被称为朝贡的方式络绎来到，真可谓天地洞开，从此中西交通不绝如缕。

　　有学者说，班超是断匈奴右臂的最后一人，这一说法可以成立。在东汉与北匈奴较量的几十年里，班超成功镇守西域，使其主体不得不西迁，在欧洲找到最后的栖息地。

　　班超一生官爵如下：明帝永平十五年（72）被任命为假司马准备出征；第二年以军司马出使西域；章帝建初八年（85）升为将兵长史，虽然不是大将，但是被赋予横吹、麾幢，这是大将才有的仪仗；和帝永元二年（90）为西域都护，为西域地方长官。和帝永元七年（95）封为定远侯，食邑一千户，封邑就在今陕西汉中，在张骞的故乡。

和帝永元十四年（102）班超回到洛阳，两个月后去世。四十岁以前的失意，有三十年的时间去填补，应该是充实的人生了。

班超的后三十年人生，镇守西域的战斗生涯，好比唐僧师徒西天取经，只要按时间线索把故事一个一个写出来，就像一部《西游记》那样的话本。现在的几部班超传记都是这样的体例。可以看魏连科先生写《班超》的标题：

一、志在西域　投笔从戎

二、"不入虎穴，不得虎子"

三、联络于阗　安定疏勒

四、玉门重闭　孤军奋战

五、调虎离山　智破莎车

六、坚壁清野　逼退月氏

七、东西夹击　大功告成

八、"但愿生入玉门关"

九、勇继父业　再通西域

十、功垂后世　名扬百代

这本书为中华书局1981年出版。在几本班超传记中，这一本最严肃客观，又简洁生动。班超的人生本身就是传奇，不需要再加修饰。

3. 曹大家

班固的小妹班昭，又有一个著名称号"曹大家"。汉代的关中人尊称年长女子为"大家"，与"大姑"同音。班昭十四岁嫁给同郡的曹世叔，"曹大家"这个称号却和他关系不大，曹世叔大致四十岁以前去世，没有留下功名，他自己也是因为班昭才留名史册。

班昭的时代过去三百多年后，范晔写《后汉书》，班昭入《列女传》，范晔称赞她"博学高才"，为她写下 2600 多字的传记，但范晔对她的称呼是"曹世叔妻"，而不是她自己。

但是与她的哥哥班超一样，班昭人生的后三十年像一棵大树，独立又丰满。

班彪去世时班昭四、五岁，在母亲和两位兄长呵护下长大。班固、班超应该是好兄长，让她读书，否则她不会成为才女。到后来，对两位兄长来说，她是至关重要的人。

现在我们阅读《汉书》，看到的作者只是班固。在一般历史知识中，班固的《汉书》，或者《汉书》的作者班固，都是既定的答案。事实是，和帝永元四年（92）班固去世时，计划中《天文志》和八个表都还没有完成。

班固的死是突发事件，令皇帝都震惊惋惜。到了和帝永元六年（94），那年班昭四十四岁，受和帝委托在东观藏书阁续写西汉国史。一个女子独立地撰写历史，这是破天荒的事件。十七年后，八表和《天文志》完成，《汉书》内容完备。

但并非大功告成。班固原稿用了不少已经不流行的古文字，当时人读不通。《汉书》续成时已是安帝在位，邓太后临朝称制，邓太后令马融跟随班昭习读，这样《汉书》逐渐流传开。

所以说，是班昭最终完成《汉书》，并使《汉书》得以流传，遂使班固成名。

她也成为另一位哥哥的最后依靠。班超到了晚年渴望回归，和帝永元十二年（100），他写了一封凄凄惨惨的书信，令幼子班勇赴京上奏皇帝，写道："人死了都要回到故土，臣像犬马一样到了暮年，常害怕突然倒地死去，变成孤魂。臣不敢想能走得到敦煌，能活着进玉门关，踏上故土就瞑目了。"

朝廷久久未能答复，班昭再上一书，写得同样凄惨，却很睿智，她写道："臣妾一母同胞的兄长班超，怀着捐躯西域、为国立功的心愿，已经三十年了。蒙皇朝保佑，活到现在，年近七十了，衰老多病，扶着拐杖才能行走。西域那地方，欺负老弱，若不派人代替他，恐怕生乱。现在公卿大臣们没有远虑，万一有乱，臣超已经无能为力，必使国家功业毁于一旦。臣妾每想到他壮年竭忠于沙漠，老了死在他乡，就无比哀伤。"

和帝被感动。班超在永元十四年（102）回到洛阳，过了一、两个月就去世了。幸亏他的小妹，他才没有客死他乡。

对于班昭自己来说，续写《汉书》已经是光荣，世间女子能有几人！她的光荣还不止于此。和帝刘肇是一个果敢有为的年轻人，对这位中年女性十分钦佩、爱戴，让她时常入宫给皇后、贵人讲学。在这种氛围中，她开始被称为"大家"。每当远方贡献奇珍异宝，和帝都要班昭作赋歌颂。

她的后宫讲学使她成为和帝邓皇后的老师，与这位小她三十岁的高贵女子成为终生的朋友。

和帝的邓皇后应该是一个有心计的人，但也是备受后世赞誉的人。她是太傅邓禹的孙女，护羌校尉邓训的女儿，母亲则是光武帝皇后阴丽华的堂侄女。邓禹、邓训父子都为恭敬谨慎之人，这样的家庭出好女子，她孝顺、聪明又非常美丽。一件事情被史官特别记载：她的祖母非常爱她，在她五岁那年，祖母亲自为她剪发，祖母年老眼花，伤到了女孩子的额头。女孩子不动声色，左右人奇怪地问她，她说："不是不疼，怕伤老人心，所以忍着。"她又是才女，六岁能读史书，十二岁通读《诗》《论语》。因为爱读书，家人称她"诸生"，意思是"读书人"。

和帝永元八年（96）她十六岁，被选入宫。她身材高挑，容颜艳丽，与其他女子绝不相同，被惊为天人。这样一位女子，入宫后很快受宠，封为贵人。

和帝的第一位皇后阴氏早在永元四年（92）入宫为贵人，一度也是备受宠幸，永元八年（96）被立为皇后。不幸的是，同一年邓氏出现了。阴氏贵为皇后却被冷落，不免怨恨丛生。其实这阴皇后和邓贵人二人有亲戚关系，邓贵人的母亲正是阴家的女儿，邓贵人战战兢兢地侍奉着皇后，但是都没有用。

诅咒，这一古老的招数被使用。失宠女子往往暗自诅咒她妒忌的对象，令对方生病或更糟。结果是，到了永元十四年（102），暗自愤懑了六年的皇后被发现用巫蛊害人，被废了。

邓贵人成为皇后。三年后的永元十七年（105）和帝死，殇帝刘隆立，邓皇后成为皇太后，就是历史上著名的邓太后。其实刘隆刚出生才百余日，八个月后夭折。十四岁的刘祜被立为皇帝，为安帝。皇太后代理国务，临朝称制。据学者说，刘隆、刘祜并非唯一的选择，那么皇太后选择幼子的目的就是以监护人的身份临朝称制。

邓太后在安帝建光二年（121）二月去世，那年安帝已经二十八岁，到这一年才接手国家大权。也就是说，邓太后成功地在帝国权力的顶峰驻足十七年，直到她自己离世的最后一刻。

这期间并非没有反对的声音。殇帝、安帝之立其实是两场政治角逐，当安帝成年，曾有大臣理直气壮地要求太后归政，但是失败了。那个史官笔下温婉恭谨的女子另有干练果敢的一面。

　　但是她依然称得上是克己的。西汉、东汉的一个特色是外戚政治，从人伦上说，年轻的皇太后依赖她的家族是再自然不过的事。班昭的祖辈、父辈所处的西汉成帝、哀帝、平帝时期，基本上是王氏执政，终令王莽顺势窃取了江山。这是东汉朝廷的殷鉴，明理的皇后或太后会克制她的家族成员，头脑不清醒者才会任其膨胀到覆灭。邓太后是前者。在她之前，章帝的皇后窦氏在和帝即位后成为窦太后，她的兄弟们就是因为张扬过甚，被和帝消灭了。

　　在邓太后临朝称制之初，她的兄长、虎贲中郎将邓骘为车骑将军辅政，其他兄弟也进入权力中心。邓骘有任人唯贤的美誉，却并非绝对克己复礼，公报私怨的事情也有，但是邓氏外戚不至于过盛，这与太后有关。

　　邓太后在品德、才学上都与班昭类似，因此与班昭成为忘年交。当邓太后临朝称制，班昭成为她的顾问。安帝永初四年（110）太后母亲去世，于礼，邓骘兄弟需要离职守丧，古代叫作"丁母忧"，太后很为难，如果按照礼法让兄弟们离任守丧，她就失去了依靠，她询问班昭，班昭果断地劝她依礼退让。

　　作为太后顾问，在当时这就是参与政事了，但是班昭从未遭到非议，可见她有多么谨慎。

　　班昭只有一子曹成，早在安帝永初元年（107）邓太后临朝称制不久，曹成被封为关内侯，官拜中散大夫，曹氏终成侯门，这都是班昭的功德。

班昭处世，以恭谨为座右铭。大致在安帝永初元年（107）班昭写下《女诫》，这件接近二千字的文稿造成的影响一点不亚于她续写的《汉书》。从古到今，《女诫》被褒扬过，也被鞭挞过，现在学者更倾向于透过《女诫》看作者的伦理思想，以及她生活其中的历史现实，客观地将之作为文献。

实际上，《女诫》只是班昭写给几个未出嫁女儿的诫子书而已。那时曹成已经封侯、做官，所以她说："儿子能够自立，我不再担心。你们都到了出嫁的年龄，还未明了妇人应有的品德，真担心将来你们被休回家，令宗族蒙耻。闲来写了七章《女诫》，你们每人都要抄写一本，从今以后，要多努力！"

《女诫》七章写了七个处世原则。第一，卑弱。谦让恭敬，先人后己。有好事不归功于自己，有不好的事不推脱责任。要早起晚睡，勤恳持家。第二，夫妻之间要夫唱妇和。第三，恭敬谨慎。第四，要遵守四种德行：守节贞淑为妇德；说话合适、不令人厌为妇言；身体洁净、穿戴整洁为妇容；专心纺织、精心烹调为妇功。第五，感情专一。第六，孝顺公婆。第七，爱护小叔子和小姑子们。

班昭的一生就是这样度过的吧。大约在安帝永宁元年（120）或次年，班昭七十一岁去世。皇太后素服哀悼，派人治丧。与她的两位兄长、父亲、祖父辈、直至七世祖相比，班超尊贵地离去。

五、读书与写书的日子

1. 少年才子

班固出生于东汉建武八年（32），出生在河西张掖，是班彪的长子。父亲为他取名固，字孟坚，孟表示他为长子，"固"和"坚"意义一致，希望他一生坚强、稳固。

无论古今，父母往往对第一个孩子寄予殷切希望。与班超相比，班固与父亲更相像，他性格稳重，喜欢读书研讨学问。之所以如此，除了神秘的遗传因素，早期教育是一个要素。

史官记载说，班固九岁的时候就能写文章了，能背诵史上著名的诗赋。这里的九岁其实是八周岁，现在八周岁的孩子大致在读小学三年级，已经能背几首古诗，至于写作，大多还处在幼稚的阶段。并非因为现代孩子文学天赋退化，只是启蒙早晚而已。班固九岁时拥有的文学素养应该是自幼启蒙、教育的结果，他天生就有博学的父亲作老师。

在内地兵火连天之时，窦融领导下的河西安静得多。作为窦融的从事中郎，班彪做得比较多的是文书工作，例如为窦融起草致光武帝刘秀的书信，这对他而言并非艰巨任务。可以相信，班彪在河西的生活还算优越，物质也不会贫乏。河西本为富庶地区，当建武十二年（36）窦融应征离开河西，他的官属和宾客们随他一起回京城，这一行人浩浩荡荡，有一千多辆车拉着他们的家人和家当，还带着大量的马、牛、羊。班彪也许没有积累多少家产，但至少不至于贫穷。班固五岁以前的河西生活安逸而丰足，父子俩可以安闲地进行教育和接受教育。

回到洛阳不久班彪作了徐县令，一份小康人家的生活继续，班固也继续着他的学业。除了诵读诗赋，学写文章，他一定也开始读历史。当他十三岁的时候，王充来家拜访班彪，班固参加二人的谈论，令王充说出那个预言："这孩子将来必定能记汉家事。"

班固在家学中滋养到十六岁，然后成为一名太学生，成为一个博览群书，通晓九流百家之言的年轻才子。

2.　二十三岁的太学生

光武帝建武三十年（54）班彪去世时，二十三岁的班固还是一名太学生。从十六岁入太学，已经有七年学龄。在今天差不多同样的年龄段，一个青年从高中一年级读到大学毕业。

即使今天，年轻人享受到高等教育仍然是一种优越，古代更是如此。作为全民支持的国家财政，在生产力严重不足的时代，对于民众的需求是可怕的。徭役、田租、人头税是秦汉国家对百姓的基本需求，人头税尤其令人感觉恐怖。在西汉和东汉，人头税的起征年龄为七岁，汉武帝曾提前至三岁，而东汉灵帝时甚至一岁的婴儿也要交钱给他。十五至五十六岁的人交纳算赋，每人120钱，按照当时的货币量制，120文钱为一算，故称算赋。十四岁以下每人 20 钱，称作口赋，汉武帝时期口赋增加 3 钱，用于不断增加的军费。按照两汉国家财政制度，算赋用于国家财政，口赋则是供皇室使用。直白地说，皇帝一家需要一群孩子来供养，不能不叫人悲哀。这样的现实里，哪个人无忧地读书到二十三岁，都是幸运儿。

对班固来说，他的确有条件安稳读书。古代官僚为法定特权阶层。因为班彪做官，班氏为官籍，与民籍不同，列在官籍中的家庭有赋役豁免权。早在西汉初，惠帝刘盈曾发布诏令："官吏的职责是治民，官吏尽力于职责，百姓才能赖以为生，所以给予厚禄，正是为了百姓。从现在起，六百石以上的官吏家庭，他的父母、妻子、儿女、未分家的兄弟、以及兄弟的家人，除了军赋，其余都免除。"在古代军事是国家头等大事，官僚家庭也不免军事义务，尽管如此，与平民百姓相比，官僚家庭的生活环境还是优越的。

入太学读书也是一种特权。一定等级的官僚子弟才有资格进太学。班彪为一千石级别的官员，班固有足够的资格进入太学。

古代教育的首要任务为培养政治人才，求学做官是国家和个人的共同愿望。从西汉武帝时起，国家政治以儒家思想为指导，正是所谓的"罢黜百家，独尊儒术"，儒学的学习者成为国家政治人才的重要来源。设在京师的太学是全国最高学府，不是唯一的人才渊薮，却是最显赫的，著名学者在此教授儒家经典，学子们通过儒经考试，可以直接进入仕途。

早在建武五年（29），当时统一战争尚未结束，洛阳城南开阳门外的太学建成。光武帝有时亲临太学，亲自考试太学生们，优秀者给予奖励，太学之业蔚为大观。后来的明帝、章帝、和帝时代太学依旧兴盛。班固的太学生涯正在光武帝时期。

读书固然是愉悦的，然而在大多数人那里，读书的目的不单单是愉悦，即使神仙也需要生活资料，何况读书人既要生存又要建功立业！这两者都是班固需要和向往的。不过，这个二十三岁的太学生，曾经的少年才子，太学时代同辈中的佼佼者，到了二十三岁，并没有得到任何官方的认可，没有取得一官半职进入仕途。

3. 预言背后的故事

每当谈起班固写《汉书》，大家总提到东汉著名思想家王充的那个预言。建武二十年（44），十八岁的王充在太学求学，认班彪为老师。那年班固十三岁，也参加谈话，王充抚着他的背，说："这孩子将来必定能记汉家事。"

有学者据此认为班彪在太学讲学，所以为王充的老师，这未必。东汉光武帝时期班彪的家虽然与西汉成帝时那个繁华的班氏府邸有天壤之别，但有一点尚保存，就是学术地位。也许当年他伯父班斿接受的那份赐予还在，那全套的秘书副本仍然是民间独有的珍藏，令天下人前来膜拜，班彪的才学也不逊于父辈。王充跋山涉水从会稽上虞的家乡（在今浙江省）来到洛阳求学，登门请教，拜为老师，这正是古人的游学形式，二人相遇不必非在太学。

而班固那时还未到太学求学。所以，将那个预言的场景放在班彪的家里也许更合适。

王充后来成为伟大的思想家。从二十世纪开始被称为著名的无神论者，在他的著作《论衡》中，我们看到锐利的思想锋芒。

思想家是深邃的思考者，因而具有洞察力，不管怎样他的预言是实现了的。

现在看来，那预言并不是隐晦的谶语。班固之所以成为史学家班固，是因为他具备那必要的一切条件。

对于两汉时期的史学著作而言，家学渊源与个人才学很重要，正如司马迁与他的父亲。班氏家学渊源深厚自不用说，只是从班彪到班固的时代学术氛围与以往大不相同，这样的时代，要酿造一个优秀史学家，求学的方式比什么都重要。

班固有自己的读书方式。典雅地说班固不是纯儒，通俗地说班固所学为九流之学，博览各学派典籍，包括道、儒、墨、名、法、阴阳、农、纵横家。这一读书方式与主流不太相符，汉武帝以后以儒学取士，儒家为正宗，利禄驱使，其他学派多学无益。

另一与众不同的是班固"不为章句"，注重了解大义，而当时流行章句之学，读书人熟记儒经每一个字，每一句话，以及前儒对每一个字、每一句话的注解，至于经书所要阐发的意义倒是其次。

对这种死读书班固很不以为然。他为《汉书》写《艺文志》时批判道：以前的学者边耕作边读书，三年能学通一经，了解经书意旨而已，所以用功少而收获多，三十岁就能学通五经。后世读书人一味注重文字注解，竟至于用二、三万字去解释五个字的经文。人从幼童起读一经，或许直到白头才有可能说出个所以然。这是大弊病啊。

班固所说的正是两汉学术史的演变。汉武帝以前，诸子百家并无严格的先后次序，学习哪家在于学者个人喜好而已。当儒家独尊，儒经为仕途敲门砖，其他学派便冷落下来。

作为西汉著名文化家族的班氏却没有从俗，班斿多才多艺，班彪本人所尽心的也是圣人之道而已，正是义理而非章句。后来的事实证明，要成为优秀史学家，家学渊源十分重要。

班氏又为文学世家，有班彪为启蒙老师，班固少年已成才子，所谓九岁能写文章，吟诵诗赋，都是大家称道的。史学需要写实，也需要文采来引人入胜。

王充洛阳求学的时候，班彪已经用心于西汉历史，对历史的功用、司马迁《史记》的优劣都有独到见解，班固接受到这部分营养，后来连同父亲的写成稿都汇入到他的写作中。

既然如此，在《汉书》成书之前，我们已经看到了一位可比美司马迁的作者，因此才有了可比美《史记》的《汉书》。

班固为人可说是宅心仁厚，但是不缺乏思想的锋芒，正因此才会有体例创新的《汉书》，以及《汉书》里处处闪现的思想火花。

而那位预言者王充本人，也是热爱学术的自由学者，并非名利之徒，因此才会有那部超凡脱俗的《论衡》。他自己的读书方式正是博览而不守章句。他读书的故事为后人称道：王充家贫无书，常游洛阳书市，只读不买，一览则能记忆，于是博通百家之言。他的读书方式与班氏学风完全一致。那个预言，其实为知己的肺腑之言。

同样重要的是，班固的时代迫切需要良史出现。在司马迁写成《史记》之后，又有一个半世纪的历史等待撰写。班固之前，从西汉到东汉，至少十七位学者努力过，希望延续《史记》的成就。最著名的两位一是西汉成帝时期的褚少孙，另一位就是班彪。对于西汉一代历史而言，储少孙时代尚早，而班彪未竟其业。所以，当明帝刘庄见到班固的史稿，对于班固来说，之前的一切困苦抑郁都结束了。理智的皇帝与优秀的史学家相遇，一个孕育史学巨著的时代就此诞生。

4. 回到洛阳写汉书

当班彪去世，班固的学业变得难以继续。其实太学生本人也有赋役豁免权，但作为长子的班固现在是一家之主，他需要承担起家庭的责任。单纯的读书时代结束了，班固离开京城，带着母亲、弟妹扶柩回到扶风安陵，这一去就是八年。

在安陵的八年是苦闷的，这展现在《幽通赋》里。《幽通赋》是班固的第一篇传世之作，在第一段他写道：我，高阳颛顼的后裔，令尹子文的嫡系，北迁的祖先为雄豪，扬名于北方。汉第十世帝时，我先祖为长安城名门望族。汉末王莽制造大乱，我父忧思，明智处世，终于保全，为我择善居在安陵。想我先烈德行纯正，无论世道乱、治，都能独善其身，对国家有益。可怜我孤独卑弱，害怕令先人功业断绝，却又晋身无阶。并不是为自己经营啊，只是先人功业值得怀念。

或许班固不一定内心爱官，却需要去做官。他的父亲班彪生前一千石的品级足够庇护一家人，却不够资格在身后继续，那需要二千石。还有，班氏四世官宦，一旦中绝，于心何忍。但看他日后终于按捺不住，花甲之年从军远征，可知他建功立业的志向不输于其弟班超。

回到安陵四年后，即明帝永平元年（58），明帝令他的同母弟东平王刘仓为骠骑将军，地位在三公之上，于是广求天下英才入骠骑将军府为僚属。班固跃跃欲试，多么希望这里有自己的一点机会！但他却只能以举荐人的身份上书，推荐了六位德才之士。其中有前扶风掾李育，当时正客居杜陵县（地在今陕西省西安市的长安区）教授学生，班固热情赞扬他为名儒，清廉简朴，使李育闻名。班固自己是否得到了举贤美名？不可得知，而他仍是扶风一民。

或许在此之后，班固开始动笔写汉代史书。再过四年，明帝永平五年（62）有人告发了他。殊不料这位告发者反成恩人。班固被投入监狱，于是才有了班超赴京救兄的美谈，然后班固被皇帝赞赏、召见，被授予官职，这一过程，真可谓大悲大喜。

班固被授予兰台令史，不久升为校书郎。他首先以兰台令史的身份开始修史工作，最先写的是东汉开国皇帝光武帝刘秀事迹，名为《世祖本纪》，与前睢阳县令陈宗、长陵县令尹敏、司隶从事孟异为同事。《世祖本纪》修成，班固成绩突出，升为校书郎，这是专门负责点校整理国家图书的官员。

到明帝永平六年（63），在一年多时间里，班固完成28篇列传、载记，包括东汉开国功臣，平林、新市起义军、公孙述传记等，使光武一朝历史记载大致完备。

当28篇上奏皇帝，明帝折服，于是郑重下诏书，令班固继续安陵的修史计划，撰写西汉一代历史。自此，真正带给班固不朽荣誉的工作才正式开始。

从明帝永平六年（63）开始，班固用了二十多年时间写《汉书》，记载西汉230年史事，完成12篇本纪，70篇列传，9篇志。现在我们读到的《汉书》，除了8个表和《天文志》，其他的为班固所作。

5. 一个文人

班固是以兰台令史的身份进入仕途的。东汉的兰台令史虽然品级低，却很显赫。西汉和东汉前期的兰台是国家藏书室，设兰台令史六人。在西汉，一百石级别的兰台令史只是核对文字的低级文职吏员而已，东汉兰台令史品级没有变化，而任职者和工作任务都大不相同。东汉明帝以后出任过兰台令史的，如班固、贾逵、杨终、傅毅以及孔子后裔孔僖都是大才子，通读百家典籍，又文采洋溢。因此之故，兰台令史官职本身变得尊崇，成为文人的仕途跳板。

因为博学多才，那些出任过兰台令史的是皇帝喜欢的人，也是皇帝需要的人。在富丽堂皇的宫廷生活里，文学是熠熠闪光的盛宴。现代人也许难以想象在古代文学意味着怎样的愉悦，就像太阳带来光明，文学以文字组成美妙音符，使人快乐，又饱含寓意，安慰、鼓励落寞的心灵。班固的后三十年人生，从他进入官场那一刻起就被定型为文人。

班固也是他那个时代杰出的文学家，在洛阳的政治和生活舞台上，他是一个活跃的文人。

明帝永平七年（64）班固作《两都赋》，这是历史上第一篇京都大赋。东汉已经定都洛阳几十年了，关中父老仍然怀念长安城曾经的光荣，希望东汉皇帝回到长安，于是产生迁都争议。班固写《两都赋》，富丽堂皇地描写西汉都城长安的地理和历史优势，也展现了东汉都城洛阳宫殿壮丽、天下辐辏的景象，支持东汉王朝定都洛阳。

明帝永平十七年（74）班固写《神爵赋》。这是东汉王朝举国普庆的一年，这一年多祥瑞，甘露频降，树生连理枝，宫殿前芝草生，有五色羽毛的神雀飞集京师，在当时人看来，这一切都是上天在褒奖人间的好政治。于是公卿百官聚集朝堂，奉酒祝贺皇帝，祝皇帝万寿无疆。明帝谦让地说："天降祥瑞，是上天奖赏汉朝的功德，我怎敢一人独享。太常要挑选吉日到宗庙报告祖先，天下男子赐爵二级，三老、孝悌力田赐爵三级，那些没有户籍的流民，只要愿意向国家报告户口，也赐爵一级。那些鳏寡孤独的人，病残的人，贫困的人，每人赐粟三斛。那些郎官、从事已经为国家服务十年以上的，每人赐帛十匹。……"

这样一个欢乐的古代政治场景当然要伴随着欢乐颂，明帝诏令百官作《神爵颂》。正如品酒，众人献上的颂歌也被品评，最后会有一个完全善意的褒贬，皇帝评定的结果是，文武百官的作品都是瓦石，只有班固、贾逵、傅毅、杨终、侯讽的五篇为金玉。

永平十八年（75）明帝去世，皇太子刘炟即位，为章帝。章帝笃爱文章，他在位的十二年里，班固是文人里面受宠的一个，经常进入宫中伴随皇帝读书，有时夜以继日。章帝巡狩或国家有大功的时候，班固都应命做赋歌颂。

作为皇帝的使者，有大事需要公卿讨论，章帝常令班固主持，提出问题由大臣辩论。最著名的一次是章帝建初四年（79）的白虎观会议。这一年章帝令大夫、博士、名儒聚集在洛阳白虎观讨论五经异同，章帝亲自裁决，班固负责记录，整理形成著名的《白虎通德论》。

到了晚年，班固歌颂的对象变为窦宪，仍然是飞扬文采。章和二年（88）章帝去世，和帝即位，窦太后临朝称制，决定出击北匈奴。和帝永元元年（89）春，车骑将军窦宪统帅大军出征，班固为中护军从征，为窦宪的御用文人。在戎马倥偬之中，班固写《琢邪山祝文》祈祷北伐成功，作《封燕然山铭》歌颂大汉功德，也歌颂窦宪的功德。

作为文人班固很多产，他以多种文体创作，有诗、赋、铭、诔、颂、书、文、记、论、议、六言。三百年后范晔写《后汉书》时，班固还有41篇作品存世。

6. 班超的哥哥

如果读《资治通鉴》，读明帝永平十五年（72）以后三十年历史，会发现班超经常作为主人公出现。那一时期与北匈奴的战争为国家要务，而西域为主战场。作为经营西域的主角，对西域发生的一切自然地以班超为中心展开叙述。

在当时国家事务中像班超所拥有的这种中心地位，班固几乎一生都没有过。他最多是一个参与者而已，例如白虎观会议。章帝建初四年（79）校书郎杨终建议说：方今天下太平，学者得以完成学业。而经文解释歧异杂乱，应广征群儒，讨论五经异同，定出统一解释。章帝同意，于是有白虎观会议。司马光记载："名儒丁鸿、楼望、成封、桓郁、班固、贾逵及广平王羡都参加了。"然后司马光特别注明："固，超之兄也。"当时的班固在他弟弟的盛名之下。

班固自己在华丽的文学盛名底下似乎也感到暗淡。他的起家官是百石的兰台令史，不久升为校书郎，品级有所提高，也只是区区三百石小官而已。在做校书郎期间，班固写了《答宾戏》这篇赋。或许班固真的听到有人埋怨修史工作默默无闻，劳而无功，或许他自己也有同感，写《答宾戏》来阐释自己的事业和理想。

他想象中的客人说："你幸运地生活在帝王身旁，不能建立盖世伟业，让见到你的人惊骇，让听到你名字的人震惊。只是一味地钻进故纸堆，在简陋的房子里抄抄写写。写出来的东西既卖不了钱，无益于现实也没多少功效。即使你思辨如波涛汹涌，辞藻如春花绚烂，无益于你的功名。如果你能去建立一番丰功伟绩，使自己活着的时候官爵显赫，死了得到朝廷赠封的谥号，不是更好吗？"班固以主人的身份，乐观地向客人阐释他所从事工作的意义。不过，从班固后来的表现看，客人的这一番话何尝不是他的心声！

班固自我宽慰是必要的，因为他在校书郎这一职位上停留了十八年。

一直到章帝建初三年（78）班固才有一个升迁，升为玄武司马。这应该是一个大提升。洛阳宫掖的大门每门设司马一人负责门卫，品级比千石，玄武司马管玄武门，下有吏二人，卫士三十八人。这一官职与班固正在做的事格格不入，还不如说是章帝给予他的特别提拔。他的父亲班彪做官到千石，现在班固略低而已。

在玄武司马这一职位上班固又待了九年。大约在章帝元和四年（87）他的母亲去世了，他必须离任守丧。古代制度规定，父母去世，官员必须离职，守丧期满可再起用做官。班固有未竟之业，《汉书》尚未全部完成，稿件整理也需时日，以整洁的书稿进呈皇帝的日子还未来到，他本应静静等待，并继续完成《汉书》。

然而他竟然不能宁静了。他已经五十五岁，除了《汉书》再也没有什么可以传世，或许此时的寂寞让他又回到了三十多年前的安陵时期，为了无力恢复祖先业绩而耿耿于怀。我们能清楚地体会到他不宁静的内心，因为他竟然毫无顾忌地投入了一个不得人心的势力集团，投入了一场不得人心的战争。

章和二年（88）章帝驾崩，十岁的皇太子刘肇即位，为和帝。章帝的窦皇后现在为窦太后临朝称制，决定出击北匈奴，以兄弟窦宪为车骑将军为统帅，班固迫不及待地从征去了。

只是，以儒雅文人，在花甲之年投笔从戎，令人不由得心生怜悯。

六、另一种结局

1. 三与窦氏结缘

自建武四年至十二年（28—36）的八年时间里，班固的父亲班彪为河西大将军窦融的从事官，是窦融的谋士和执笔人，这是班氏第一次与窦氏结缘。

班氏第二次与窦氏结缘，是班超随窦固出征，然后被派遣出使西域，开启三十年的西域生涯。永平十五年（72），明帝令大臣议论出击匈奴事，窦融的侄子窦固此时正闲居扶风平陵老家，因为他在河西长大，了解边情，被调回洛阳参加议论，之后作为一路大军主帅出征，班超以假司马为他的手下将领。窦固与班超两人为扶风同乡，父辈共事过，而两人都是河西生人，这的确是一种渊源。此次出征，其他两路大军都无功而返，唯独班超为窦固赢得伊吾卢之功。

第三次即班固与窦宪结缘。章帝时期班固为著名文人，章帝优宠他，窦宪也倾心交往。有一个故事说，班固的太学同学崔骃写《四巡颂》献给章帝，章帝读罢念念不忘，对侍中窦宪说："你可知道崔骃？"窦宪回答："班固说过好多次了，一直没有见到。"章帝说："你爱班固却忽视崔骃，正好比叶公好龙。应该见见他。"崔骃于是去拜见窦宪，窦宪惊慌地拖拉着鞋子跑出去迎接，把他待为贵宾。这件事说明班固早与窦宪结交。和帝永元二年（89）东汉再次出击匈奴，窦宪以车骑将军为统帅，班固从征，两人共度四年军旅生涯。

常山、扶风的窦氏为两汉大族。常山窦氏兴起在西汉文帝、景帝时期。这两位造就著名"文景之治"的皇帝，窦氏的女儿为前者的皇后，为后者的生母。文帝时期窦皇后的父亲兄弟封侯，窦氏开始兴盛。弟弟窦广国封章武侯，窦广国就是窦融的七世祖。至西汉宣帝时，窦融高祖父以二千石官吏的身份从常山迁到右扶风平陵县。从孝文历孝景、孝武、孝昭至孝宣五帝，窦氏官宦门第不衰。

东汉时期扶风窦氏的兴盛自窦融始，家族成员大致以武功扬名。窦广国的后裔中，窦融一支无爵位可继承，窦融又早年丧父，然而仍不失为名门之后。窦融与王莽政权亲密，最初出任强弩将军王俊的司马，对起义军作战有功封爵。窦融的妹妹嫁给了王莽的堂弟、大司空王邑作妾。

窦融为人洒脱，却很恭谨。年轻时家住长安城，出入贵戚之家，与闾里豪杰结伴，以侠义行事，一诺千金，讲义气不顾生死。而且尽心侍奉母亲、兄长，抚养弟、妹，有长者风范。

王莽败后窦融投身更始政权，更始皇帝刘玄最喜欢最信赖的大司马赵萌，十分看重他，推荐他为钜鹿太守（在今河北省）。

但是东方正乱，不是做官之地。窦融看好的是河西，今甘肃省西北部那片水草丰美的富庶边地。并且那里有他的政治基础，他的高祖父做过张掖太守，堂祖父做过护羌校尉（治所在今甘肃省临夏一带），堂弟为武威太守。西汉朝廷在边郡设有属国都尉，率军镇守边境，张掖属国都尉有精兵万骑，在战乱年代正可据以自守。有赵萌相助，窦融很快得到张掖属国都尉一职，他如愿以偿，马上带全家奔赴河西。

　　公元 25 年更始为赤眉所败，河西暂时无所归，自守以待时日。河西五郡酒泉、金城、敦煌、张掖、武威凝聚为一体，窦融曾是长安城的行侠仗义之人，自有一股英雄气概，在河西又有着那样的政治基础，于是被推为大将军，总领五郡，为河西领袖。

　　也在公元 25 年刘秀建立政权。当时天下割据，群雄并立，河西窦融、天水隗嚣、益州公孙述最有实力，后二者不堪帝梦诱惑，最为顽固。公孙述自始至终都是独立者，隗嚣一度归属刘秀，后来为了缠绕不止的皇帝梦与刘秀绝交。我们已经知道，班彪曾极力劝勉隗嚣归属刘秀而不被信从，更向河西投奔窦融。窦融与班彪英雄所见略同，于是河西归诚刘秀。这正是刘秀所热望的。

　　西汉文帝的窦皇后，即景帝的生母窦太后为窦融的七世祖姑。而刘秀的先祖定王刘发正是景帝之子，如此说来，窦太后为刘秀先祖母，刘秀、窦融祖上有很近的血缘关系。刘秀致信窦融，殷勤揭示两人亲缘，说："长君、少君贤淑，贻德后世，这是皇太后的神灵，是上天保佑汉朝啊。"长君为窦太后的兄长，少君就是窦广国，是窦太后的弟弟，窦融正是他的后人。

　　虽然刘秀如此亲近，窦融依然谦恭地恪守臣礼。光武帝建武八年（32）刘秀亲征隗嚣，窦融率河西军会战，约定会合在高平第一城（今宁夏固原一带），这是两人第一次见面，窦融先派从事官前去询问与刘秀的相见礼仪，这令刘秀感动不已。当时因为战事连绵，文武官员们都不太讲究礼仪规范了。

到了建武十二年（36），已经是天下太平，窦融离开河西回到洛阳，被任命为司空。在开国功臣中窦融并非皇帝的近臣，而地位在众功臣之上，他愈加谦让恭敬。

在光武帝和第二代皇帝明帝时期，窦氏达到极盛。窦融位三公，封安丰侯，他的弟弟窦友封显亲侯，窦融长子窦穆、穆子窦勋、窦友子窦固三人尚公主，窦氏一门同时有四个二千石官。窦氏所居官府和宅第相望于京师，家里奴婢数千。这样兴旺的贵族，皇亲国戚和功臣们无人能比。

可惜窦融的子孙继承了他年轻时的洒脱，却没有学会谨慎，不守法、贪财、多行不义。明帝永平五年（62）窦穆等全被免官，被驱逐回扶风平陵老家。那时窦融已退休，独自留在京师。这样的处置其实很令明帝内心不忍，当窦穆等已西行至函谷关，明帝取消驱逐令，派人追回他们。恰恰这时窦融在气愤、羞辱中去世了，被不肖子孙败坏了名声，含恨离开。

明帝不相信窦穆能够从此改过自新，派人监护他家，实际就是看管。被监护中的窦穆被告有怨言，再被驱逐。回扶风不久，以贿赂郡小吏的罪过被扶风郡批捕，与儿子窦宣死于扶风狱中。他那位与公主结婚的儿子窦勋本来经特许留在洛阳的，现在也被追究，死在洛阳监狱。

十年后，窦友的儿子窦固得到机会东山再起，这就是明帝永平十五年（72）东汉决定出击匈奴。因堂兄弟窦穆事，窦固被免官驱逐回扶风已有十年多。伊吾卢之功结束了他的放逐生涯，他回到京城，先后担任了大鸿胪、光禄勋、卫尉这些高贵官职。在洛阳担任高官的这些年，窦固谦虚、俭朴、仁爱好施。章帝章和二年（公元88）他安然去世。

窦固以功扬名不久，窦融一支也有了再起的机会。永平十八年（75）明帝死，十八岁的皇太子刘烜立，为章帝。章帝建初二年（77）窦融的孙子窦勋的两位女儿入选后宫。姐姐容貌美丽，早为章帝艳羡，又会讨好上下周围人，一时间赞誉不断。次年，姐为皇后，妹为贵人。她们的兄弟也来到京城做官，这次窦氏是作为外戚崛起。

　　在此之前，扶风的窦家常常招呼相面人，想知道是否还有重振门第的机会。相面人每见到窦勋的那位女儿，都称此女尊贵无比，如今果然成为皇后。

　　窦皇后的泼辣性格很快显露。她不生育，而章帝的宋贵人、梁贵人都有子，这令她妒恨不已。于是宋贵人被迫自杀了。梁贵人的儿子刘肇被皇后抢走，父亲梁竦被陷害，她自己抑郁而死。

　　窦宪兄弟也不是善良之辈。当窦皇后千方百计陷害宋、梁两位贵人时，窦宪兄弟也参与其中。

　　窦宪为章帝的侍中，经常待在皇帝身边。他并不收敛，一个著名的事件是，窦宪贱买沁阳公主的田园，而公主不敢计较。沁阳公主是明帝的女儿，章帝的姐妹。一次章帝外出，窦宪同行，当他们路过那片田园，章帝说："这是沁阳公主园，你知道吗？"窦宪语塞不敢回答。不久事被发觉，章帝大怒，说："公主都被抢夺，何况小民！国家除掉窦宪，就像扔掉一只腐鼠一样！"一时间危险丛生，全赖窦皇后哭哭啼啼求情，窦宪才被饶恕。

　　章和二年（88）章帝驾崩，十岁的皇太子刘肇即位，为和帝，窦皇后成为窦太后临朝称制，代替年幼的皇帝执政，她的兄弟们都跟着张扬起来，窦宪为侍中，窦笃为虎贲中郎将，窦景、窦环为中常侍。虎贲中郎将为禁军长官，侍中、中常侍为皇帝近侍官，任职在皇帝身边。四兄弟都身处要职，长兄窦宪最盛，在内决定国家大事，然后代表皇帝传达百官。

这时，已经成为窦宪门客的崔骃告诫窦宪说："富者骄，贵者傲，难得有人能做到富贵而不凌人。今窦氏兴隆，百官都拭目以待，您怎敢不战战兢兢，保持一个好名声！西汉外戚二十家，只有四家保全了家族。要引以为戒啊。"

窦太后也少有手腕，她任命前太尉邓彪为太傅，百官听命于太傅。而实际上邓彪只是一傀儡，实权在窦宪那里。

窦宪却没有崔骃的忧虑。他是个暴脾气，一旦得意，睚眦之怨必报。当年他的父亲窦勋被打入洛阳大牢，是谒者韩纡负责审案，现在窦宪令家客杀了韩纡的儿子，取了头颅祭祀于窦勋墓前。

如此公然杀人行径一而再，竟引发了对北匈奴的再次征战。原来，章帝去世后，都乡侯刘畅到洛阳吊唁，窦太后频繁召见他，史官往往以"召见"这样的陈述暗指两人关系暧昧。刘畅并非正人君子，甘愿被年轻的太后诱惑。宠幸代表着权力，而窦宪却讨厌被他人分权，于是遣客行刺，于城门屯卫中刺杀刘畅，继而嫁祸于刘畅的弟弟刘刚。窦宪令侍御史与青州刺史一同审案，因为都乡侯封地在青州刺史辖内。这听似合理，其实是转移审理地，消磨罪证。

案件发生在官署，在禁军之中，遇害者为宗室，为诸侯，百官很关注这一案件，坚决反对异地审理。太尉府属官平陵人何敞，乃刚正不阿之人，站出来代表太尉府主持审理，另两公府即司徒和丞相府也派人出席，共同组成最高法庭。最后真相大白，杀人主谋暴露。窦太后大怒，幽闭窦宪在内宫，有处极刑之心。窦宪恐惧，请求出击北匈奴立功赎死。太后权衡再三，竟然同意了。

　　这显然是以消耗国库和民命的方法转嫁信誉危机，所以仍然遭遇普遍反对。三公九卿到朝堂劝谏，百官纷纷上书抗议，都被置之不理。

　　与此同时，太后又下令为窦笃、窦景建宅邸，百姓出劳役。这再次遭到众臣上书反对，窦太后仍然置之不理。在朝廷会议上，尚书仆射郅寿指责窦宪为一己私利发动战争，又役使百姓建私宅，窦宪大怒，把他定罪诽谤，要处死他。又是何敞为之申辩，郅寿免死流放到合浦，即今广西南海岸的遥远之地，郅寿以自杀抗议。

　　这就是和帝永元元年（89）窦宪为统帅出征北匈奴的背景，正是崔骃早有预见的情形。班固就在洛阳，竟然无动于衷，热情洋溢地追随着窦宪去了。

　　那时班固已经完成《汉书》的本纪和列传，亲笔写了西汉一代人物悲喜剧，《外戚传》就在其中，崔骃所谓西汉二十家外戚大都败家灭族是他所了解的。至于东汉发生的事情对他来说都是当代史，从明帝永平五年（62）到章帝、和帝之际，这二十六、七年间班固就在洛阳，窦氏的兴亡交替，窦太后、窦宪的行径，当朝的众怒，都在他了解之中。在《汉书》里时时议论古人的班固，此时却既看不清时势，也不认识自己了。

2.　最后的胜利

　　和帝永元元年（89）六月，窦宪率大军北上至朔方（今内蒙古杭锦旗一带），同时南匈奴自今山西省北上，度辽将军邓鸿出稠阳塞（地在今内蒙古黄河南北一带），三路大军将在涿邪山（今蒙古西部的阿尔泰山东部）会合。

此年班固五十七岁。他以中护军的身份从征，职责为监军，也参与谋议，为智囊团成员。以文豪为军中作家。更准确地说他是作为窦宪的幕僚从征。

三路大军与北匈奴大战于稽落山（今蒙古汗呼赫山脉），东汉军大胜。史官这样记载战功："杀戮上万，俘虏人口众多，获杂畜百余万头，八十一个小部落二十万人投降。"窦宪等意气风发，登燕然山（今蒙古境内杭爱山），窦宪命班固作《封燕然山铭》，刻石纪功。这篇铭文既是歌颂汉朝，更是夸耀窦宪，开头写道："永元元年，秋七月，汉元舅车骑将军窦宪，恭敬诚信，为汉辅佐，……"

朝廷及时赏功，九月，窦宪班师途中，朝廷派使者至五原（今内蒙古包头一带）拜窦宪为大将军，封武阳侯，食邑二万户。窦宪不肯接受爵、邑。接着，诏命大将军位在三公之上，其上唯有太傅一人。

和帝永元二年（90）五月，窦宪派遣副校尉阎磐进军西北，攻取伊吾。早在明帝永平十六年（73），班超随窦固出征的第一功就是夺取伊吾卢，章帝即位后汉军退出，伊吾卢被匈奴重新占领。这时班超正在艰难镇服西域过程中，东汉再取伊吾卢对西域形成援助。车师国（在今新疆吐鲁番一带）被震慑，不得不恭顺，遣子入朝，当时称为侍子，其实就是人质。

班固有过一次独立行动。和帝永元二年（90）九月北匈奴单于请求称臣，请求入朝拜见皇帝。时窦宪驻扎凉州，班固被任命为中郎将，与中郎将梁讽率几百骑兵北上迎接。而南匈奴单于却希望趁北匈奴败乱将之一举歼灭，东汉朝廷允许，南匈奴立即出击，使北匈奴濒临崩溃，北单于受伤。班固等人已经远行到私渠海（今蒙古杭爱山南），使命成功而返。东汉的中郎将为统兵官，品级为比二千石。

和帝永元三年（91）二月，北匈奴单于被围金微山（今蒙古阿尔泰山），大败，单于的母亲被俘，单于逃亡，从此离开中国视线，用史官的话是"不知所在"。

游牧部族的匈奴，在中国的春秋、战国时期发展为北方强国，越过黄河深入到河套平原，正当秦帝国心脏之北。公元前221年秦始皇完成中国统一大业之后，第一个要解决的境外威胁就是匈奴，公元前215年，用兵三十万来消除这一威胁。被后世誉为"中华第一勇士"的著名大将蒙恬为对匈奴作战统帅。蒙恬大军与匈奴的第一战在黄河南滨，今内蒙古河套平原上展开，蒙恬的步兵主力对战匈奴的骑兵，势如破竹，将匈奴逼回黄河以北。第二年的公元前214年，与匈奴决战在黄河以北，使匈奴后退700里，从此不敢南下牧马。随即，长城自陇西临洮（今甘肃岷县）连接至辽河，将匈奴阻挡在外。

秦在新占领区设九原郡，郡设三、四十个县。自此自长城以南，村落相望，阡陌交错。黄河以南一带地区最繁荣，被称为"新秦中"。

接着，蒙恬监修了著名的秦直道，这条秦帝国的高速公路正是为牢固控制北方而建，自帝国首都咸阳起，向北几乎直线抵达黄河北岸的九原郡治所（今内蒙古包头一带）。在地图上看，在黄河大拐弯形成的"几"字内，一条直线从咸阳贯通北上，越黄河到达包头。秦直道长达八、九百公里，路面平缓，最宽处有47米，一般宽在23—26米，类似今天的二级公路标准。现在这条路已成名胜古迹，陕北民间称为"皇上路"、"圣人条"，上面依然走着人和车。

秦王朝对匈奴的有力控制未能持久。公元前 210 年秦始皇在第五次出巡途中病死于沙丘宫（在今河北广宗县平台村南），此次出巡，秦始皇宠爱的儿子胡亥同行。皇太子扶苏则既没有同行，也没有镇守咸阳，他正在蒙恬的大军里接受锻炼。秦始皇宠信的宦官赵高与皇太子不投机，赵高假造诏书令胡亥即位，为秦二世，又假造诏书令太子扶苏自杀。早年间赵高曾经犯法，蒙恬的弟弟蒙毅依法判处他死刑，而秦始皇不舍，将他特赦，幸免的赵高从此埋下对蒙氏的仇恨。与扶苏一起，蒙恬也被假造的诏书逼迫自杀了。

第二年，即公元前 209 年陈胜、吴广起义，拉开秦末十年混战序幕。那些压抑着怨气的人——秦始皇所灭掉的六国宗室、贵族，以及那些苦于暴政的人们，纷纷揭竿而起，项羽、刘邦就在其中。公元前 207 年刘邦攻入咸阳，秦朝统一天下之后十五年、二世而亡。

也在公元前 209 年，匈奴史上伟大的领袖冒顿（mò dú）杀掉他的父亲头曼单于，成为冒顿单于。他在位的三十五年里匈奴帝国迅速壮大，东灭东胡，西灭月支，北跨今天内蒙古到蒙古，向西延伸到河西走廊尽头，臣服西域绿洲城邦，收复被蒙恬夺取的河套地区。此时冒顿单于统治下的匈奴与蒙恬所决战的匈奴已经不可同日而语，在秦王朝遗留给西汉王朝的遗产中，这无疑是最凶险的一项。

公元前 202 年与他的老对手项羽垓下决战，使项羽自刎乌江，楚、汉战争结束。

两年之后的公元前 200 年，刘邦率大军反击匈奴。与蒙恬势如破竹的胜利完全相反，刘邦大军被冒顿单于四十万精兵层层包围在平城白登山（今山西省大同市东北的马铺山），被困七天七夜。刘邦的老部下陈平想出主意，首先攻克女流之辈，单于的王后阏氏接受了汉朝贿赂的黄金、珠宝，怂恿她的夫君网开一面，刘邦才得以逃脱。

　　"白登之围"是一个严厉打击，民间歌谣"平城之下太辛苦啊！七日不食，无力张弓射敌。"刘邦知道，他终生的对手并非项羽，匈奴是他无力战胜的。

　　冒顿不断地侵扰，刘邦无奈接受娄敬的和亲建议，公元前 192年以宗室女为公主嫁给单于，每年贡献衣食物资，双方约为兄弟，冒顿稍微收敛。

　　显然，双方力量对比中汉为弱者。刘邦死后，冒顿曾致书吕后，说，"我，孤独之人，生于泽卤之地，长于牛马之野，多次到过边境了，想游历中国。你也孤立，郁郁独居。两主都不快乐，没有什么娱乐的，不如相聚，各取所需。"这样的调戏令樊哙屈辱得暴跳，樊哙是已故汉高祖刘邦的忠臣，也是吕后的妹夫，这封信有国仇家恨。而吕后忍住了，回信冒顿颇为幽默，说："单于不忘敝国，敝国惶恐。闭门思量，我年事已高，苍老憔悴，头也秃了，牙也掉了，路也走不稳，实在是不敢污秽您的眼睛。敝国无罪，请赦免。我私人有两辆车，八匹马，今献给您，聊以代步。"

　　公元前 174 年冒顿单于死，他的儿子老上单于继位。老上单于在位的十四年里，匈奴帝国东到辽河，向西越过帕米尔高原，北抵今蒙古境内的贝加尔湖，南临中国长城。

自汉高祖刘邦、惠帝、吕后、文帝、景帝四世到汉武帝初期的大半个世纪里，西汉实行和亲政策，用奉送公主和物资的办法，隐忍地安抚着匈奴的南下冲动。但所有笼络不完全奏效，南下侵扰时常发生。

汉武帝决定扭转这种局面，反击匈奴。首先的计划是联络大月支。月支原本游牧于今甘肃河西走廊西部一带，冒顿单于、老上单于时期，月支不断被匈奴征讨，被迫西迁，最后到达阿姆河流域，在今阿富汗北部找到家园，中国史书将他们称为大月支。一小部分未迁徙，进入祁连山区与羌族杂居，称小月支。

汉中人（今陕西固城人）张骞应征出使寻找大月支。汉武帝建元三年（前138），张骞从长安出发西北行，刚出陇西（今甘肃东南部）就被匈奴俘获，被扣留了十年。后来逃脱，在大宛、康居帮助下抵达大月支。当时的大月支居地水草丰美，生活富足，早已无心报复匈奴，张骞空身而返。因了解西域和匈奴情形，当西汉开始大规模进击匈奴之时，张骞应命随卫青出征，因功封博望侯。

从汉武帝元光六年（前129）西汉与匈奴战事不断。卫青、霍去病、李广、李广利、李陵都是这一时期涌现出来的大将，著名的"苏武牧羊"故事也发生在这一时期。

到了征和四年（前89），汉武帝下"轮台罪己诏"，不再派士兵戍守轮台，不再主动出击匈奴。西汉用了三十年的时间，耗尽了国库，未能取得决定性的胜利。

汉武帝之后的昭帝、宣帝时期，双方仍为交战状态，而匈奴内部渐渐分裂为五部。汉宣帝甘露元年（前53），其中一部的呼韩邪单于请求内属，率众南迁至阴山一带。

另一部的郅支单于盘踞西域，本也与西汉和好，但自以为距离遥远，西汉鞭长莫及，又怨西汉待呼韩邪单于独厚，要求遣还在长安朝廷的侍子。汉元帝初元五年（前44）元帝派谷吉送还侍子，郅支单于竟然杀了谷吉。

元帝建昭三年（前36），西域副校尉陈汤以西域兵力击杀郅支单于，这是一个有决定意义的打击，使得呼韩邪单于又喜又惧，喜的是对手已除，惧的是汉朝的力量。元帝竟宁元年（前33），汉元帝以宫女王昭君出嫁呼韩邪单于，帮助他重新统一匈奴，此后匈奴与西汉和平达四十年。

在这几十年的和平时期里，边关不见烽火，人民安居乐业，牛马遍野，直到这一和平景象被王莽打破。改朝换代的王莽也改变了对匈奴的封号，汉朝尊敬单于，印章刻文为"匈奴单于玺"，王莽新朝印章刻文为"新匈奴单于章"。当时的匈奴已经与西汉水火交融二百年，并非不学无术的野蛮部族，单于计较两方印章的差异，因为这代表他在双方关系中的地位。差异是显然的，"匈奴单于玺"意味着汉朝承认单于为匈奴君主，"新匈奴单于章"意味着单于为新朝之臣。这引起匈奴不满，而王莽也大动干戈，试图建立盖世武功以威震天下，重新挑起对匈奴的战事，仅仅几年时间，使得边境空虚，野有露骨。

东汉建立后，匈奴仍然为患，而光武帝刘秀回到西汉初期的政策，忍耐，奉送金银，希求恢复宣帝、元帝时期的友好关系。当时的单于为呼韩邪单于的孙子，他全然没有了他祖父的恭敬，倨傲地自比冒顿单于。建武九年（33）东汉曾有反击，遭到更强的回击。

建武十三年（37）匈奴再寇河东（今山西省境内），时光武帝已经完成天下统一，却更加退让，将幽州、并州（在今山西、河北二省）的边关之人渐渐撤退到常山关、居庸关以东，居于今河北东部，而匈奴趁势进入塞内。东汉所做的只是防守，增加边郡兵力，但并没挡得住，匈奴入寇更深，经常南下杀戮劫掠，边关无宁日。

但匈奴内部再度分裂了，建武二十四年（48），呼韩邪单于兄弟的一位后裔立为单于，也称呼韩邪单于，率八部匈奴归依东汉，居于今甘肃、内蒙古、山西一带，被称为南匈奴。匈奴分裂为南、北两部。

东汉所进行的是对北匈奴的战争，最坚决也最积极的盟友正是南匈奴。

当明帝即位，二十多岁血气方刚的皇帝有雪耻之心。永平十五年（72）谒者仆射耿秉屡次上书请击匈奴，明帝欣然应允。战备立即展开，闲居扶风的窦固回到洛阳。十个月后，即永平十六年（73）二月大军出发。此次战争历时两年，永平十八年（75）二月窦固等罢兵回京师。

十四年后，和帝永元元年（89）由窦宪统帅的征伐却遭到朝臣反对，理由是，自建武二十四年（48）南匈奴归附，北匈奴被隔在北方，南有南匈奴，东有鲜卑、乌桓在东汉支持下与之敌对，南下势头被阻挡，东汉边境基本安定。在永元元年（89）之前北匈奴发生内讧，又大饥荒，这是南匈奴的机会，南单于企图趁机统一匈奴，他需要东汉参战。但是对于东汉来说，北匈奴在饥荒混乱中，无力造成威胁。而且窦太后以战争为窦宪制造机会转嫁危机，这不得人心。

不过，若追溯匈奴与中国三百年关系史，和帝时期的这四年战争的确可称为决定性的胜利。匈奴，这个骁悍的马背上的部族，在三百年里令中国全力以赴，双方无数次的厮杀制造了多少人间悲剧，此后，由于北匈奴大部分西迁，巨大威胁被解除了。

3. 宽厚温和者之死

在东汉对北匈奴的决定性胜利之后，真正覆灭的不是北匈奴，却是征服者自己，北匈奴只是被驱逐、改换了生活场地而已。

自出征以来窦宪已经两次拒绝封爵了，这是故作退让。和帝永元三年（91）金微山之战后，北匈奴基本上被清除，窦宪志得意满，退让之心全无。他身在外地，遥控洛阳政治，决定州、郡、县长官人选。班固，还有校书同事傅毅都处于窦宪权力集团的核心。

窦宪那几个留在洛阳的弟弟早已骄纵。执金吾窦景最过分，抢劫财货，强占人家妻女，截取罪犯，又擅自征发边地强壮有武艺的精锐骑兵集拢到自己门下。

文武百官中，一部分像墙头草倒向窦氏，一部分不敢声张，剩下的一部分敢与窦氏作对，如司徒袁安、侍御史、尚书何敞。司徒袁安所上奏书都是属官周荣起草的，窦氏的亲信徐龄为太尉掾，威胁周荣说，"窦氏壮士、刺客满长安城，你要小心呢。"

和帝永元四年（92）四月，窦宪大功告成回到洛阳。六月，处于窦氏势力包围中的十四岁皇帝刘肇得到清河王刘庆、中常侍郑众支持，皇帝亲自调发禁军，关闭城门搜捕窦氏亲党，窦氏四兄弟被遣返封国，被迫自杀。几个月后窦太后去世。这样，窦氏经历了四年极盛，倏忽消失。

班固为窦固集团核心人物，也被捕。四年慷慨激昂的军旅生活之后，突然沦为阶下囚，无助而死。一切梦想、抱负戛然而止。

班固的结局与他的家族成员不同。班固《幽通赋》写道："我先烈德行纯正，无论世道乱、治，都能独善其身，对国家有益"。他的先祖们，他的父亲，他的弟、妹，无论荣辱，所有人都安然离开人世，善始善终，唯独班固不是。

范晔记载说，班固教子无方，诸子无学术，多不守法，官吏、百姓怒不敢言。曾经，洛阳县令种兢出行，班固家奴冲撞了人家的车骑，洛阳县吏呵斥，班固家奴乘醉大骂。种兢大怒，只因畏惧窦宪不敢发作，含恨于心。等到窦氏败，窦氏的宾客被逮捕拷问，种兢终于等到机会报复。

范晔又记载说，班固性格宽厚、温和，能容人，从不恃才傲物，所以读书人很仰慕他。看来他宽容温和的性格有一种副作用，他的儿子们既没才学也没有德行。真是遗憾，班氏族系的遗传信息好像出现了错乱，而班固对此无能为力。班氏作为文化家族，终止在班固一代。

范晔又说："班固伤悼司马迁见多识广，却不能以智慧免刑，而后他自己竟遭杀身之祸，有智慧却守不住自己的命。古人还是目光短啊！"范晔自己更非理智守身之辈，他的结局比班固更惨。人最难认识的是自己，诚哉斯言。

班固的父亲班彪一生做官一千石而已，晚年以修史为业，将史书视为"圣人的耳目"。生活在盛世，继承父业撰写国史，岂不是完美人生！若班固宁静如父，从容写下最后一字，奉上完美书稿，然后，像他的弟、妹，父亲、祖父们，安然度过余生，留下《汉书》传世，该是多好的结局。

七、在巨人的肩膀上

1. 纪传体

人类的历史正如辽阔的舞台，每个人每时每刻都在上演。他所经历的一切，日常的生活、劳作、爱和恨、奋斗、成功与失败、荣与辱，连接成个人的历史、家族的历史、民族的历史、国家的历史。史官们渴望记录发生的一切，这是神圣的使命。正如理智的人会按照他的阅历安排未来的生活，知道哪些可效法，哪些是禁忌的，集体或国家也是如此，如果一切烟消云散，群体失忆比个体失去记忆可怕无数倍。

即使现代，运用各种先进的记录工具，所能保留的记忆仍是沧海一粟。古代更是如此，这就是历史记录之所以宝贵的原因所在。

相对于仅有的一支笔而言，史官需要记录的太多。他需要选取有意义的事件，那些关系个人、民族、国家兴衰的事件，善政与恶行，和平与战争，上天的恩赐与惩罚，风调雨顺与灾难，等等，以及那些在历史舞台上留下可纪念足迹的人，帝王官僚、读书人、商人、好品行的人、叛逆的人，等等，他还要记录人类发明并生存于其中的各项制度，以及人类对天地自然的认识成果等等。

他需要一个适当的模具，将一切有条不紊地展现出来，这就是我们所说的史书编纂的体例。

编年体，这是史官最早采用的，史官如同写日记一样逐日记下帝王言行、国家事件、天文灾异等等，一段时期后，史官或者其他什么人，会按照时间线索，逐日、逐月、逐年地编纂成书。孔子正是这样编纂了《春秋》，用鲁国的纪年记载鲁隐公元年（前722）到鲁哀公十四年（前481）间242年的历史，我们称《春秋》为第一部编年体史书。另一部著名的编年体史书就是北宋司马光的《资治通鉴》，从西周威烈王二十三年（前403）记载到五代的后周世宗显德六年（959），将1362年间的历史一天天、一年年地展现出来。在这个过程中，所记录的事件从发生、发展到结束随着时间的行进逐渐呈现出来。有清晰的时间线索，这是编年体的最大优点。

纪传体史书在西汉武帝时期出现，作者是伟大的史学家司马迁，《史记》是第一部纪传体史书。纪传体，这一名称来自史书的两大内容本纪和列传。本纪实际上是帝王的编年史，司马迁作12篇本纪，从上古传说的黄帝时代到西汉武帝元狩元年（前122），用五帝本纪、夏本纪、殷本纪、周本纪、秦本纪、秦始皇本纪、项羽本纪、高祖本纪、吕后本纪、孝文本纪、孝景本纪、孝武本纪，将五帝时代，夏、商、周三代，秦朝，以及西汉前五代君主时期，共三千多年的历史由远到近地展示出来。

列传是人物传记，记载人物的生平事迹，这是司马迁的首创。《史记》有列传70篇，这70篇列传大致包括三个类型，一类以人物姓名或姓为题目，例如，《商君列传》写主持秦国变法的商鞅；《李斯列传》写辅佐秦始皇统一中国的丞相李斯；《蒙恬列传》写秦朝大将蒙恬；《屈原贾生列传》把战国时期楚国贵族屈原与西汉初年贾谊放在一个列传，因为这两人忧国忧民，又抑郁而终。第二类以对人物的分类为题目，例如《刺客列传》写那些做刺客的人；《循吏列传》和《酷吏列传》前者写好官僚，后者写严酷的官僚；《佞幸列传》写那些得到皇帝宠爱的人；《滑稽列传》写那些幽默、善于嘲讽的人，如汉武帝时期著名的东方朔；《儒林列传》写那些以儒学为业的读书人。学者们将这种列传称为"类传"，因为里面的人物有相似的一面。第三类写与中国有密切联系的国家或民族，例如《匈奴列传》《大宛列传》《朝鲜列传》《西南夷列传》。

列传是司马迁的伟大创造，为记忆历史提供了广阔空间。列传也是司马迁投入感情最多的部分。司马迁选取的人物并不都是官僚或者有社会地位的，在他看来，诸如游侠、商人、医生、占卜的人、艺人，每个社会阶层都有值得纪念的人。

到了司马迁的时代，由于张骞出使西域，中外交流变得频繁起来，这是不能忽略的事实，因而有了中国域外地区的列传。匈奴与中国关系最深也最惨烈，司马迁自己正因替投降匈奴的李陵辩解惹怒汉武帝，被投进大牢处以宫刑，他怎能忽略匈奴！还有《大宛列传》，大宛（dà yuān）国本来远在西域帕米尔高原之上，在今天吉尔吉斯、乌兹别克、塔吉克斯坦三国交界区的费尔干纳盆地，当张骞从匈奴地界逃到大宛，向大宛国王讲述汉朝的兴盛富裕，大宛国王早已听说东方的汉朝，现在见到汉朝使节十分高兴，派人将他送到在今哈萨克斯坦的康居国，康居王再派人将他送到大月支，就这样西域与汉朝建立了联系。葡萄，神奇的汗血马，以及马的最爱饲料苜蓿，第一次自西域来到中国长安，这些新的物产激起汉武帝的西域热情。随后，在塔克拉玛干沙漠南北两缘的丝绸之路上，受汉朝鼓励西域人络绎而来，汉朝使者络绎而往，那一片土地上的国家也是不能忽略的，所以立《大宛列传》记载大宛和其他西域国家。

除了本纪、列传，《史记》还有表、书、世家三项内容。

《史记》的表正如同今天的列表，用表格的形式可以简捷地记录人物和事件。司马迁作年表或许是受到古代谱牒的启发，他用了十个表详尽列举人物和大事。《三代世表》记录了五帝和夏、商、周三代的帝王世系，在那里我们能看到王位继承顺序，例如商代的世系，商汤之后为外丙、仲壬、太甲、沃丁……一直到商纣王帝辛。《十二诸侯年表》记录了春秋时期东周、齐、鲁、楚、吴等十四国的世系以及大事。《六国表》记录的是东周与战国七雄的世系以及大事。《秦楚之际月表》记录秦二世至项羽统治时期五、六年的历史，从公元前209年秦二世即位到公元前202年刘邦战胜项羽，这一时期除了项、刘，还有赵、齐、燕、魏、韩也为重要诸侯。这一时期的历史惨烈而丰富，需要按月而不是按年来记录史事，所以称为"月表"。第五个年表为《汉兴以来诸侯年表》，记录了汉高祖到汉武帝时期的诸侯王。第六个年表为《高祖功臣侯年表》，记录汉高祖的功臣封侯者以及他们的重要史事。第七个年表为《惠景间侯者年表》，记录惠帝至景帝所封诸侯以及他们到汉武帝时期的变化情况。第八个年表为《建元以来侯者年表》，记录汉武帝所封诸侯。第九个年表为《建元以来王子侯者年表》记录汉武帝以后诸侯王之子封侯者。第十个年表为《汉兴以来将相名臣年表》，这个年表后人有增补，现在我们看到的是自汉高祖到成帝鸿嘉元年（前20）间的将相名臣任职者以及重要事件。

《史记》有书八篇。用"书"的名目记载典章制度，以及人类认识自然、改造自然的成果。《礼书》《乐书》记载礼乐制度，《律书》写音律制度，《历书》写历法，《天官书》记录天文与天象，《封禅书》记载国家的天地山川祭祀制度，《河渠书》记载水利，《平准书》记载西汉经济制度。

世家记载了许多诸侯国的史事。西周建立后，在他的都城镐京（在今陕西西安长安区以北）以外的四面八方大封诸侯，周天子的姬姓宗族、亲戚、功臣们被分封到各地，自成一国，代表周天子治理一方区域。今天山东省的两个诸侯国，鲁国为著名的周公旦的封国，齐国则是著名的姜太公的封国。在今山西省南部有唐国，为周成王弟弟叔虞的封国，叔虞后来自己改称晋国。在今北京以及河北省中部、北部有燕国，为周宗室召公的封国。秦国本为西周在西方的附庸，公元前770年秦襄公护送周平王东迁有功，被封为诸侯建国。当秦始皇灭掉齐、楚、燕、韩、赵、魏六国，建立郡县制的大一统帝国，诸侯国一度消失。然后，在秦末战争时期诸侯国再度兴起。刘邦自己就是项羽分封的汉王，所以他建立政权称为"汉"。西汉建立后刘邦逐一消灭了所有的异姓王国，为了保卫大汉江山，分封同姓的宗室诸侯王，从中央到地方形成牢固的刘姓势力网。与西周一样，刘邦也分封功臣为诸侯，萧何、曹参、张良、陈平、夏侯婴等人都是。诸侯国君父死子继，世代相传，所以称之为世家。

由于中国传统的伦理观念，汉朝重外戚，一位后宫女子一旦成为皇后，她的父亲随即封侯传家，所以外戚也入世家，记录皇后、皇太后以及她父亲的家族史。

有两个世家引人注目。一个是陈涉世家，陈涉就是陈胜，涉是他的字，一个闾左贫民，揭竿而起，一呼百应，原六国贵族、秦朝官吏随之而起，终使强秦覆灭，这是司马迁将陈胜列入世家的原因。虽然陈胜自己什么都没有传给后代，正相反，他是以惊人的壮举终止了自己的血脉。第二个是孔子世家。孔子并非诸侯，却是夏、商、周三代文化的传承者，又是儒学的创始人。从文化传承的角度看，孔子被列入世家也名副其实。

这五项内容中，除了世家一项，本纪、列传、表、书都为班固取法、改进。《史记》的"书"，班固改称为"志"。这种由本纪、列传、表、志组成的体例，成为后世纪传体的基本形式。

在本纪里，所记录的历史依照时间线索不间断地展现出来。在列传里，那些在各个领域值得纪念的人物，他们一生参加的活动、功过、德行等等一切，被集中地写出来。在志里，国家各项制度得以展示。表则用来详尽地列举容纳各类人物。有历史演进的脉络，有人物传记，有典章制度，也有表去容纳大量历史人物，这是纪传体的诸多优点。

到了南宋，袁枢创新出一种纪事本末体，他写成的著作就称为《通鉴纪事本末》。顾名思义，这一体例之下，一个事件发生、经过、结束的全过程可以得到连贯、完整的记录，这样，编年、纪传两种体例的不足正好得到弥补。编年体逐日纪事，而国家之大，同时会有数事发生，天下分裂时期更是如此，数个政权的诸多事件同时发生，需要同时纪录，那么，同一事件只好分成一段一段，与其他同样分成数段的事件交错记录，《资治通鉴》正是如此。纪传体的不足是纪事不完整，本纪按时间记载事件，因而有编年体纪事的不足，列传集中记载人物的人生经历，那么多人参加的历史事件，往往被分散在每个人的传记中，被分割成一个一个片断，这是纪传体的不足。

编年、纪传、纪事本末为中国传统史书的基本体例，各有千秋，互相补充。现在看来，纪传体被使用最多。

2. 通史与断代

通史与断代也是史书的体例，是一种时间取舍原则。作者记录他生活时代以前的整个历史时期，这是通史，《资治通鉴》为编年体通史，《史记》也是通史，是纪传体的通史。相反，作者只选取一段历史来著述，是断代史，班固的《汉书》为第一部纪传体的断代史。

在班固写《汉书》之后，断代史著作最多。当一个王朝结束，新建王朝撰写前朝历史，这几乎成为惯例。而通史比较少有了，北宋司马光写《资治通鉴》之后，宋代人李焘仿《资治通鉴》写《续资治通鉴长编》，写宋太祖赵匡胤建隆元年（960）到宋钦宗靖康二年（1128）间168年历史，为编年体的断代史。

断代史差不多可说是历史促使史官做出的选择。自夏启继承夏禹，完成第一次父子间的权力过渡，家天下的时代开始了。国家的最高领导权在家族内传递，为保证这个家族的地位，思想家们制造了君权神授的观念，令天下人崇拜这个家族的统治。为保证君权顺利传递，政治家们创造了嫡传的理念和制度。夏、商、周的天子相信他的家族统治可以无限地延续下去，虽然事实证明了这不可能，但是，当秦始皇统一中国，仍然坚信他家族的统治将永不停息，所以他为始皇帝，他的后代将为二世、三世、四世……永无休止，如果亲眼看到他的帝国顷刻坍塌，他将作怎样的反思呢？

经过了一系列朝代变更，逐渐地，一个道理变得通俗了。十六国时期，南燕人王始在泰山莱芜大山里拉了一伙人造反，他称作太平皇帝，糟糠之妻赵氏为皇后，父亲为太上皇，两兄弟一为征西将军，一为征东将军。当他被剿灭、被行刑之时，市人问："为何做妖逆，害得全家死绝！现在父兄都在哪里？"王始仍以皇家风范回答："太上皇蒙尘在外，征东、征西为乱兵所害，朕尚存，可没有指望啦。"他的皇后赵氏骂："你正是嘴无遮拦，以至于今，为何死到临头，还狂言？"太平皇帝洒脱地说："皇后怎这样不识天命，从古到今，岂有不亡的天子？！"

历史行进到王始的时代，朝代灭亡已经多次发生，嬴政的秦，刘邦的西汉，刘秀的东汉，曹丕的魏国，刘备的蜀国，孙权的吴国，司马炎的西晋，刘渊的匈奴汉国，石勒的赵国，慕容皝的前燕，苻坚的前秦，都如同落花流水，永远地消逝了。王始所说，并非狂言！

江山易改，而人类生活继续。旧的王朝已经谢幕，可以盖棺定论了。对于新登场的王朝而言，旧王朝或许曾是他的敌人，也是他的前辈，有丰富的遗产需要清理。对旧王朝作一总结，并从中找到倾覆的车辙，这是新王朝的任务，正如古人所说，以史为鉴，可以知兴亡。总之，因为有那么多王朝像一个个的事件，开始了，结束了，因而，一个王朝从开始到结束的历史，一部一部地诞生了。

3. 一个创新的样板

学者论司马迁作《史记》原因有三，一是父亲遗愿。司马氏世代为史官，司马迁的父亲司马谈已经有意续写《春秋》以后的历史。元封元年（前110）汉武帝封禅泰山，司马谈无缘参与，遗憾而死。死前嘱咐司马迁："现在天子承接千年传统，封禅泰山，而我不能从行，命该如此！我死，你必为太史，不要忘记我想要记载的。"中国古代有一个神秘的祭祀大典，即泰山封禅，帝王到泰山之巅祭天。司马迁以《封禅书》为题记载西汉的天地、山川祭祀，可见他谨奉父亲遗愿。

二是《春秋》精神的召唤。孔子作《春秋》止笔于鲁哀公获麟之年，为公元前481年，《史记》也止笔于汉武帝元狩元年（前122），这一年西汉获麟，建年号为元狩。司马迁钦佩孔子作《春秋》的笔法，《春秋》明是非、寓褒贬于纪事之中，被后世称为"春秋笔法"，这也是《史记》的精神。

三是史学家的职责。自《春秋》之后又涌现出多少贤明的君主、忠臣、义士，不能令他们的功德业绩泯灭，这是史官的使命。对司马迁来说，他对于历史著述的理解还不止于此，他的最高理想是探究人与自然的关系，通达历史变迁及其原因。

如此看来，班固写《汉书》与司马迁写《史记》何其相似。《汉书》的修撰正是父子相继的事业，班彪称史书为"圣人的耳目"，能令人变得聪明，决意续写西汉历史。对班固来说，总结西汉一代历史，铭记那二百年的业绩和功德，也记住所有的不善和不幸，这是新时代赋予他的使命。

同样，正如司马迁突破《春秋》的体例，创设纪传体通史，班固突破《史记》创设纪传体断代史。两次突破，造就两部巨著。

以后人的立场来看，《史记》的体例固然完善，但仍有不甚合理的细节安排。例如，汉高祖刘邦为汉王朝的缔造者，在《史记》的本纪中却置身于项羽之后。又如，刘邦去世后，他和吕后的儿子刘盈即位，为惠帝，而真正掌权的是吕后。司马迁务实，惠帝、吕后时期一段历史题为"吕后本纪"，而其中仍有惠帝纪年。《史记》的列传部分也稍显凌乱，例如，《匈奴列传》《朝鲜列传》《西南夷列传》《大宛列传》都是对中国境外地区的记载，却掺列在其他人物列传中。

班固对《史记》的本纪、列传两部分的篇目和次序都有调整。《汉书》只记西汉一代历史，刘邦作为开国皇帝自然位居第一本纪，这正与他的地位相配。惠帝位居本纪第二，吕后位居第三，以下依次为文帝本纪、景帝本纪直到平帝本纪。在列传部分，班固为中国域外地区立三个列传，为《匈奴传》《西南夷两粤朝鲜传》《西域传》，三传集中。这样，本纪、列传部分显得整齐有序。

当班固写《汉书》时，《史记》记载的那些世家大致早已不存。西汉初期那些相当独立的同姓诸侯王，经过汉武帝时期有意的削弱，只能收取封户的租税而已，不再有治民的权力，《汉书》可以取消"世家"。

《汉书》继承《史记》的表，《异姓诸侯王表》收录西汉初年的异姓诸侯王，《诸侯王表》收录西汉同姓诸侯王，《王子侯表》收录诸侯王之子封侯者，《高惠高后文功臣表》《景武昭宣元成哀功臣表》收录西汉一代功臣。《古今人表》收录著名历史人物，从太昊帝至陈胜、吴广。《外戚恩泽侯表》《百官公卿表》为班固新增篇目，前者收录外戚以及以皇恩封侯者，《百官公卿表》很为后人推崇，班固记载了秦汉封官设职的情况，官职的权限和俸禄数量，以及公卿大臣的任免。

班固变"书"为"志"，对《史记》的八书有调整和补充。《史记》的《礼书》《乐书》合并为《礼乐志》，记载国家礼乐制度。《律书》《历书》合并为《律历志》，记载音律，度量衡和历法。《天官书》改为《天文志》，记载天文知识。《河渠书》改为《沟洫志》，记载水利建设成果。《平准书》改为《食货志》，记载农业、工商业、经济制度。《封禅书》改为《郊祀志》，记载泰山封禅以及其他祭祀制度。又新设四志，为《艺文志》《五行志》《地理志》《刑法志》。

需要特别提及的是，《汉书》的志是用了通史的体例来写，没有束缚于断代史。人类文化是连续的，朝代更替只是将政权的归属切割成独立的段落，人类的制度、经验和知识，并不跟随王朝的终结而终结。以《艺文志》为例，图书作为文化的载体，是人类最宝贵的财富，越是从远古流传下来的越是珍贵。再如《刑法志》，历朝历代的法律可能各有特色，但都是在传承的基础上有所变更，所以法律具有很强的继承性。《汉书》十志的撰写需要追溯源流，因而用通史的写法，这与本纪、列传两部分使用断代体例同样合理。

这样，《汉书》的结构包括本纪、列传、表、志四部分，这一纪传体断代史的体例竟成后世的修史模板。西汉之后，中国历史经历了下列一个朝代更替过程：东汉——魏、蜀、吴三国——西晋、东晋——南朝的宋、齐、梁、陈四朝，北朝的北魏、北齐、北周——隋——唐——五代十国——宋、辽、夏、金——元——

明——清，相应地，为这些王朝编纂的史书有，《后汉书》《三国志》《晋书》《宋书》《南齐书》《梁书》《陈书》《魏书》《北齐书》《周书》《隋书》《北史》《南史》《旧唐书》《新唐书》《旧五代史》《新五代史》《宋史》《辽史》《金史》《元史》《明史》，这二十二部史书与《史记》、《汉书》合称二十四史。二十二史都采用《汉书》的体例，为纪传体的断代史。

不仅仅是《汉书》的基本体例为后世取法，班固在列传、志、表三部分的创新也被仿效。班固为中国域外地区立传，次序集中，这成为通则。班固创立《列女传》，专门记载优异女子，这也被后世继承。班固新增四志，《艺文志》分门别类收列图书，《五行志》列举自然、人间种种奇异现象，《地理志》详列行政区划，《刑法志》追述法律制度源流、演变，四志为后世效法。新增《百官公卿表》既有公卿任职名单，也记载官制及其源流，后世史书的"百官志"来源于此，专门介绍官制。

4. 必读书

今天，一个学习、研究西汉历史的人需要读《汉书》。《汉书》为完整记载西汉历史的唯一著作，但是这并非它成为必读书的唯一理由，唯一的理由是它自己的价值。

汉武帝元狩元年（前122）之后将近150年的西汉历史为《汉书》最早记载，学习这段历史必读《汉书》，这自不必说。至于之前的84年历史，虽然司马迁已经写在《史记》里了，但《汉书》仍然与《史记》同样重要。

对《史记》记载的84年西汉历史，班固做了大量有价值的增补。例如，《史记·萧相国世家》所记萧何事迹，有一个重要事件阙载，这一事件与西汉命运相关。

刘邦元年（前206）十月，刘邦攻入函谷关，当时的函谷关在今河南灵定境内，为进入关中的要塞，函谷关有失则关中难守。刘邦屯军今西安以东的灞上，逼近咸阳，秦王子婴投降，秦亡。在此之前楚怀王曾与诸将约定，先入关灭秦者为关中王。但是，当时正在河北（今河北省西南部）与秦军决战的项羽不希望刘邦占据关中那块宝地。在众将领中，刘邦实力远不如项羽，但人气颇高，这是项羽忌讳刘邦的原因。十二月，河北决战结束，项羽立即率大军西进，冲破函谷关，欲与刘邦争夺关中。张良的好友、项羽的叔叔项伯，偷偷赶来通知张良逃离，而张良将他引荐给刘邦。刘邦敬奉项伯为兄长，说，之所以保护咸阳，是为了等待项羽。项伯邀刘邦第二天一早到鸿门拜见项羽，众所周知的鸿门宴于是发生。今临潼县城东约5公里的洪门堡村正是鸿门宴的现场。按照范增的计划，在宴会上除掉刘邦。当宴会进行时，范增一次又一次地对项羽使眼色，又一次次举起身上佩戴的玉玦，项羽默然不应。范增起身外出召项庄，令他进去祝酒，项庄祝酒后拔剑起舞，而剑锋屡指刘邦，项伯也拔剑起舞，每每遮蔽刘邦。张良赶紧离开，出军门外告知樊哙，说："项庄舞剑，意在沛公。"樊哙闯进宴会厅，立在项羽对面，怒发冲冠，瞪眼欲裂，令本来跪坐的项羽震惊地按剑直起上身，形成了长跪的样子。刘邦逃离鸿门回到灞上。

秦朝已灭，项羽最强，他大封天下，封了十八个诸侯王。他自封西楚霸王，秦帝都所在的关中地区分封给秦朝三位降将，而刘邦为汉王，封地为汉中、巴、蜀三郡，相当于今天陕西南部汉中至四川北部，多为崎岖艰险的穷乡僻壤，向北，关中地区三诸侯挡住退路。显然，这是项羽针对刘邦的计划。

刘邦愤恨难耐，周勃、灌婴、樊哙诸勇将欲与项羽决战。萧何阻止，说："汉中固然不好，难道不比死好吗？"刘邦不解，萧何解释说："寡不敌众，百战百败，不死还能怎样？"于是刘邦听从萧何。这年四月，刘邦率众出发前往封地，又听从张良建议，令张良在后放火烧断栈道。从关中南下并无通衢大道可走，沿悬崖峭壁架木修成的栈道自古为通道，栈道已毁，这可令项羽安心。

刘邦到达汉中后，以萧何为丞相治民，韩信为大将军练兵，养兵蓄锐。次年十月，刘邦挥师反攻，用韩信的计谋明修栈道，暗度陈仓，大军出其不意沿古道到达陈仓，关中三王很快平定，剩下的任务是决战项羽，四年楚汉战争就此开始。汉五年（前202）刘邦与项羽垓下决战，逼项羽自刎东城。可见在刘邦成就霸业的过程中，暂时退避汉中是必要的一步。《汉书》补充了萧何劝说刘邦的史事，这很重要。

再如张骞、李陵、苏武三人，司马迁没有为他们专门立传。张骞因为随从骠骑将军卫青征伐，附在《卫将军骠骑列传》，李陵是李广的孙子，附在《李将军列传》，只有简略介绍，对苏武记载更少。班固增设《张骞传》和《苏武传》，增写《李陵传》，笔端饱含情感，使三传成为《汉书》里最动人的文学篇章。

《汉书》的十志是班固的重大贡献。自远古到汉代的各项制度，例如法律、礼乐、官制，人类有史以来取得的自然科学成果，保存在十志之中。其中《律历志》《礼乐志》《食货志》《郊祀志》《天文志》《沟洫志》六篇是在《史记》八书基础上的增补、发展，《刑法志》《地理志》《艺文志》《五行志》四篇则为班固新创，第一次系统记载人类的法律制度，地方行政区划，人类创造的文化载体——书籍，以及古代人的思想、观念。

文笔也非常重要。正如有营养的食品有好味道才容易流行，史学著作也是。唐代著名史学家刘知几说，史学家需要"三史"，史学、史识和史才，前两者为历史事实和历史认识，后者则是表述的才能，用文字表述历史和历史认识的才能，通俗地说，就是文笔。班固家学渊源深厚，才华横溢，《汉书》定当不输文采。范晔称赞道："班固叙事，丰富而不芜杂，详尽而有规矩，令读者熟读而不厌烦，所以他能够成名啊。"范晔又写道，"当世非常重视他的书，学者莫不诵读。"

三国时期，孙权和他的宰相张昭都是《汉书》学者。孙权要求太子孙登了解近代史事，令他读《汉书》，不敢劳累张昭亲自教授，命张休随父受业，然后传授孙登。

到了西晋，著名学者傅玄评价《汉书》为命世奇作。有这样一段佳话，西晋之后的十六国时期，后赵的建立者羯族人石勒常令人读《汉书》。当听到郦食其建议刘邦分封六国贵族后裔，石勒大惊，说："这是大过失，如何竟成就大业！"……羯族世代附属于匈奴，东汉时期随归附的南匈奴定居今山西境内，变成魏晋的编户齐民，羯族地位更为低下。石勒幼年曾到洛阳贩卖，靠在墙根休息，长啸，西晋宰相王衍经过，以为此小儿有反相，派人追杀他，而石勒已离去。西晋末年匈奴刘渊建立政权，欲恢复呼韩邪单于的帝业，石勒成为匈奴政权下的猛将，后来他建立了自己的政权，史称后赵。石勒早年经历非常艰难，没有受教育机会，不认字，但喜欢《汉书》。

将西汉历史知识用到极致的是北魏第一代君主拓跋珪。398年北魏灭慕容氏的后燕，原后燕高阳内史崔玄伯成为拓跋珪的吏部尚书，经常为拓跋珪说历史。当他为拓跋珪讲《汉书》，说到娄敬劝汉高祖与匈奴和亲，拓跋珪称赞良久，此后北魏公主多嫁宾服之国。

三国两晋南北朝时期，人们对班固和《汉书》的评价超过司马迁和《史记》。这一时期，《汉书》注释有25家，注释《史记》的只有3家，说明"《汉书》热"超过《史记》。还有专门以《汉书》为学业的，所以刘知几评论"《汉书》地位仅次于五经"，《诗经》《尚书》《礼记》《周易》《春秋》为最重要儒家经典，为国家选官的考试科目，所以读书人重视五经，而《汉书》与仕途无关。唐代另一位学者司马贞是《史记》专家，他也说"汉、晋名士不甚重视《史记》"。

南北朝之后，隋唐人的"《汉书》热"仍然高涨。刘知几说，从东汉到唐代，没有能突破《汉书》体例的，称赞《汉书》体例得当。唐代"《汉书》热"的标志应该是"汉书学"兴盛。清代学者赵翼说："唐初三礼之学最盛，其次就是《汉书》学了。"唐初人研究《汉书》热情仅次《仪礼》《周礼》《礼记》三礼，这与前一时期一致，魏晋南北朝时期，士人读《汉书》热情仅次于五经。

宋代人最爱《汉书》。宋代文豪苏轼、黄庭坚、洪迈对《汉书》推崇备至。当苏轼被询问何以有那么渊博的学问，他说："都是从《汉书》学来的。"黄庭坚是这样喜欢《汉书》的，他说："与友人相聚时读上几页《汉书》，便感觉心胸涤荡，若久不读，就会俗气充斥。这时照镜子，面目可憎，与人相对，说话也乏味。"洪迈说："班固写《汉书》，其著作之精美，正如一棵树，花与茎、叶都美，又如一首乐曲，每一音节都是阳春白雪。

后世的史书，连他的一点模样也没有。"这三人生活的时代距离班固已近千年，若班固地下有知，不知该哭还是该笑。

八、马、班同异

1. 比较史学

二十世纪，西方史学方法传入中国，例如计量史学、心理史学、口述史学、以及比较史学。对于中国传统史学而言，这些方法并非全新。以比较史学为例，比较是中国传统史学的基础，用老一辈学者的说法，比较与史学的关系，正如呼吸之与生命。比较是自然的过程，正如一个人在日常的生活和工作中，会自觉或不自觉地进行比较，一个历史学家无论阅读资料还是撰写历史著作，不可避免地需要比较历史资料、人物、事件。犹如照镜子，比较使真相更清晰地显现出来，在好或不好之间可以做出相对合理的取舍。

比较应该有两个原则，一个是可比性，一个是有意义的比较。司马迁与《史记》，班固与《汉书》是一组富有价值的比较对象。可比的因素很多，最重要的一个应该是，两者的确可媲美。所以，对两个人和两部作品的比较很早发生，直到今天仍在进行。

东汉之后，对司马迁与班固、《史记》与《汉书》的比较，大致经历了这么一个过程：三国两晋南北朝时期，主流认识是甲

班　固

班乙马，班固胜于司马迁，《汉书》高于《史记》。这一主流认识持续到唐代中期，韩愈和柳宗元这更推崇《史记》，班固热稍微受到抑制。宋代之后，既有苏轼、黄庭坚、洪迈无比钟爱《汉书》，也出现理智的主流认识，《汉书》与《史记》各有千秋，不相上下。金朝人王若虚说的中肯，他说"迁、固记事，各有得失。"

到了明清时期，出现对《史记》《汉书》的比较研究。对两书的体例、风格，司马迁、班固两人的才能进行比较，这是真正意义上的比较史学。

事实上，对班固与司马迁、《汉书》与《史记》早有公允比较，范晔说："司马迁、班固，议论者都称道两人有良史之才。"

2. 一样的笔法

"秉笔直书"是中国史学的传统，被史官视为使命。鲁襄公二十五年（前548），齐国大夫崔杼杀齐庄公，太史记载庄公之死，直书"崔杼弑其君"，被崔杼杀死，太史的两个弟弟接着记录，再被杀，又有一个弟弟继续写下，崔杼胆怯了。南史氏听说太史三人被杀，执简前往，得知已经如实记录才回转。史官如此前赴后继，只为了一句真实的记录。

早在鲁宣公二年（前607），晋国也有一起弑君的事件。"弑"专门用来表述以下犯上的谋杀。晋灵公无道，搜刮民财装饰宫墙，在高台上用弹弓射人，厨师炖熊掌不烂，就杀死他，放进簸箕令宫女顶在头上走过朝堂，执政大臣赵盾多次劝谏，灵公恼怒得令大力士刺杀他。那位大力士清晨潜进赵家，见赵盾穿戴整齐准备上朝，时间尚早，正坐着打瞌睡，刺客感叹说："不忘恭敬，为民之主。杀民之主是不忠，违背君命又是不信，选择哪一条都不如去死。"竟然撞树而死。九月，灵公请赵盾喝酒，却埋伏了甲士，赵盾于是逃亡。他的族弟赵穿在桃园击杀灵公，那时赵盾还未出国境，得到报信后立即返回。太史董狐记录"赵盾弑其君"，在朝堂公布。赵盾说"不对啊"，董狐回答："你是正卿，逃亡未出国境，回来不惩罚凶手，非你又是谁？"赵盾认命，说："哎！《诗》说多怀恋而自留忧愁，说的就是我吧。"孔子评价两人说："董狐为良史，直书不隐讳。赵盾是良臣，因为史法蒙受恶名。可惜啊，若是出了国境就可以免了。"

"不虚美，不隐恶"，是西汉人刘向、杨雄对司马迁的评价。《史记》的西汉部分为当代史，当代人写当代史，秉笔直书并不是一件容易的事。现在流传的《史记》中，《孝景本纪》并非出自司马迁之手，而司马迁是写过景帝本纪的，因为极言景帝的短处，连及武帝的过错，汉武帝发怒，令人削去了。司马迁于武帝征和三年（前90）去世，三年后的始元二年（前87）汉武帝去世，二人差不多同时代。不为当今皇上的老子避讳，也不惧怕皇上本人，从前为了李陵他已经惹怒过汉武帝，让自己受到腐刑的侮辱，现在是为了如实记录历史。

如实记录，这也是班固的笔法。与司马迁相比，班固已经离开他所撰写的历史时代，不过，西汉、东汉为一脉相承，刘秀建立东汉正是恢复刘氏的江山。刘秀为汉景帝的后裔，大体上可以说汉景帝为东汉的血脉源头。景帝的子孙中有极恶劣者，班固没有避讳，他写《景十三王传》，用了不少笔墨写江都王刘建、广川王刘去的恶行。

西汉景帝有十四个儿子，刘彻为汉武帝，其他都封为诸侯王。广川王刘越为汉武帝的兄长，刘去为刘越的孙子。刘去有学问，精通《易》《论语》《孝经》，但他没有被圣贤书教化，既缺乏敬畏之心，更无半点忠孝仁义。刘去十四、五岁时，经常被他的《易》经老师教训，等他长大一些，就赶走老师。广川国的治民官内史请老师担任属官，老师请内史约束刘去一家。这让刘去再也不堪忍受，派家奴杀死了老师父子。

　　在广川王国，内史、相是中央任命的官员，对他们刘去稍有收敛，在姬妾群里他则是霸王。最初，有叫着王昭平、王地余的女子受宠幸，刘去许诺立她们为王妃。另一位叫着阳成昭信的，在刘去生病的时候十分细心地伺候，刘去又喜欢上了她。刘去与那位王地余戏耍的时候，竟在她的衣袖里发现了刀，这是危险的企图，这位女子被鞭子或板子抽打着审问，最后招供说，她想和昭平杀死昭信。接着同样的用刑审问王昭平，昭平不服，就用铁刺扎，她终于受不了招认了。刘去召集所有女子，和昭信两人当众行动，刘去用剑刺死地余，昭信则杀死昭平，又杀了她俩的三个亲信灭口。

　　这样昭信就被立为王妃，这位王妃与刘去为绝配，作为王的刘去可以多宠爱，而昭信则不懈地坚决消灭情敌。一位叫着陶望卿的夫人受宠幸，刘去令她管理王国的缯帛。昭信在刘去面前说："她对我无礼，衣服比我穿得都漂亮，还拿着好缯送给宫人讨人缘。"刘去不在乎这些个，说："你这样说她坏话，并不能减少我的爱。不过，如果听说她有外心，我就煮了她。"说者无心，听者有意，昭信果然开始制造男女私情，说，"前些天画工在望卿房舍作画，她袒肩露背、涂脂抹粉地靠在旁边，还经常故意出入南门偷窥那些郎吏们，很可能有奸情呢。"男性的自私心受伤，刘去交任务给昭信，说："好好盯着她。"从此不爱望卿了。

但是被心爱女子背叛的伤痛难以平复，刘去写歌发泄："你以前那么受宠爱，不自爱，现在我讨厌你，怪谁呢?"

　　昭信相信时机已经成熟，有名有姓地说出了奸夫，甚至郎中令这位王国大总管好像也与望卿暧昧不清。刘去、昭信带领众姬妾们闯进陶望卿的房子，扒了她衣服，轮番攻击，还烧红了铁去烫她，望卿四下里逃窜，没有生路了，只好跳井而死。昭信令人把她捞出来，割了鼻子、嘴唇和舌头。仍不罢休，又肢解了她，放大锅里加桃灰毒药煮，直到化尽。这样做是为了防止她在阴间为害。

　　后来的日子里，刘去不断有新欢，也就不断有人被昭信陷害死，她的法宝就是刘去的妒忌。有一位叫荣爱的，昭信说："看她那样子，不端庄，我怀疑她有私情。"当时荣爱正在为刘去刺绣衣物，刘去拿走烧掉，荣爱知道自己被妒恨了，怕活受罪就先去跳井了，可惜未死。还是被抽打审问，被打不过，自污与医生有奸情。刘去将她绑在柱子上，把刀子烧红了戳瞎她双眼，又生割两股，把铅熔化了灌进她口中。

　　宣帝本始三年（前71），广川王国的内史、相终于将王与王妃告倒。审讯发现，共有十六人被杀死在广川国，除了《易经》老师父子，其他都是昭信的情敌，十四人都埋在广川国太妃居住的长寿宫中，宫女们害怕得都不敢到长寿宫去。

　　刘去的生活时代正在所谓的"昭宣中兴"时期，而这样的人间地狱不止一处。在《景十三王传》最后，班固不客气地总结道："自汉兴到平帝，诸侯王大多骄淫无道。"

　　范晔说："班固叙述史事，不扬、不毁、不进、不退"。用今天的话说就是实事求是，用古代的话说，为实录。

3. 不一样的游侠

中国古代有一种人被称作游侠。古代的统治者总是用法律和官方的道德编织一张网，希望人们像蜘蛛一样黏着在网上，终其一生不离开。游侠，是那些敢于游离在外的人。

因为与官方的法律、道德标准不一致，像锥子一样，游侠往往戳破那张网突出来，引人注目。社会评判标准有两种，一种是赞美敬仰，一种是否定，这两种评判同样来自社会各阶层。《史记》、《汉书》都有《游侠列传》，而两位作者各持一端。

西汉的游侠中，鲁国人、今山东曲阜地区的朱家是较早的一个，他与汉高祖刘邦为同时人。鲁国为周公的封国，周公辅佐周成王有大功，鲁国被赐予周天子的礼仪，因而鲁国为礼仪之邦。鲁国人孔子是周礼的继承者，他创始的儒学在鲁国最兴盛。但朱家却以行侠仗义而闻名。

不知道朱家从事什么职业。他常穿的衣服是缝缝补补的，每顿饭只有一个菜，出远门只有牛车，但并非没有财力，他救助危难的人远比对自己的事热心。那些被认为犯了法，或得罪了人被追杀的，朱家藏匿他们，想办法营救他们。他救活的普通人多得数不完，光是豪杰就有几百个，季布将军是其中之一。

楚人季布是项羽亲信的五员大将之一，在楚汉战争期间，季布多次打得刘邦狼狈不堪。当刘邦战胜项羽，悬赏千金求购季布，命令说，敢有藏匿的诛三族。而季布正藏在濮阳周氏那里，在今天河南濮阳。周氏对季布说："汉力求将军，快搜过来了。如能听我的，我有一计，否则，请让我先自到。"季布从命。周氏剃了季布的头发，给他脖子套上铁圈，换上粗衣烂衫，把他乔装成被出售的家奴，混在几十个家僮里关进大货车，从濮阳来到鲁，到朱家家里出卖。朱家心知那就是季布，不动声色地买了他，把他安置在家里，然后到洛阳见汝阴侯藤公。

藤公就是沛县人夏侯婴，是刘邦的死党，所以朱家去游说他，说："季布何罪？各为其主而已，项氏的臣下难道要赶尽杀绝吗？今皇上才得天下，为何以私怨耿耿于怀，让天下人觉得不宽厚？况且，以季布的才能，被逼急了，不是北入匈奴，就是南逃到越人那里，等于壮大了敌国。您为何不替皇上说明这个道理？"夏侯婴心知肚明，朱家为大侠，季布肯定藏在他家里，答应去劝说刘邦。果然，刘邦赦免了季布。

朱家不仅救急，也救穷。当钱财稍有富余，想着那些需要帮助的人，先从最困难的人帮起。又很谦虚退让，从不炫耀自己。对那些他帮过的人，唯恐再见到他们，季布后来做了汉朝的官，地位尊贵，朱家终身不与他相见。

从函谷关往东，在西汉帝国的广大东方地区，人们莫不翘首企盼与朱家交朋友。楚地有一位闻名的侠客田仲，敬仰朱家的操行，就像对待自己的父亲一样服侍他。

到了汉武帝时期，最著名的游侠是郭解。郭解为轵县人，今在河南省济源县。刘邦、吕后到文帝时期，有一位闻名朝野的相面女子许负，被后世称作"中国古代第一女神相"，为今河南省温县人，郭解就是她的外孙。汉文帝时，许负的女婿、郭解的父亲为游侠触犯了法网被杀，而郭解还是继承了父亲的特质。

郭解并非壮汉，长得短小精悍。他早年的确是一恶人，残忍狠毒，生气、不高兴时往往杀人，也会不顾性命为朋友报仇。藏匿亡命之徒，合伙抢劫，要不然就私铸钱币，盗挖坟墓，不知做过多少不法之事。似乎上天保佑，他总能逃脱围捕，或者遇到大赦。

当年龄渐大，他开始检视自己，学会以德报怨，施舍钱财，不再动辄怨恨他人。越来越喜欢行侠仗义，救人于危难，而不自夸功劳。

郭解姐姐的儿子跟人喝酒，非让人家干杯。有人酒量小喝不尽，他非要强行灌下去。有一人被逼急了，拔刀刺死了他，然后逃跑了。郭解姐姐恨恨地说："弟弟这么有义气，人家杀了我儿子，却捉不到凶手。"死者不下葬，尸体被扔在道上以羞辱郭解。郭解暗中探知凶手去处，凶手无奈，回来说了事情原委。郭解说："你杀了他是应该的，是我家的孩子无理。"放走凶手，收尸埋葬外甥。当时人听到这件事，称赞郭解有道义，更加依附他。

郭解在乡里令人又敬又畏。他每次出门或归来，大家都躲着他，但有一个人不躲，傲慢地坐在地上直瞪着他。有门客要杀那个人，郭解说："居住在乡里之中，竟至于不被人尊敬，是因为我自己道德修养不够，他有什么罪过。"但是，他内心并不喜欢被忽视。他打听到那人是谁，暗中嘱托地方官吏说："这是我最关心的人，轮到他服役时，请免除。"以后，好多次该着这人服役了，官吏却不找他。他奇怪地询问，才知道原来是郭解让官吏免除他的差役。他终于服气了，袒露身体去找郭解谢罪。这事传出，少年们越发仰慕郭解。

洛阳城有人相互结仇，十多位德高望重的人从中调解，双方始终不听。门客们请郭解出面。郭解趁夜色去见那结仇的人家，双方都敬重郭解，委曲求全地准备和好。郭解对那两家人说："听说洛阳诸位贤人调解过，你们都不肯听从。现在我怎能从别处跑来侵夺人家城中贤豪的调解权呢？"当夜离去，说："暂时先不要和解，我离开后，让洛阳豪杰再来调解，那时你们就依从他们和好吧。"

郭解越发恭敬，不敢乘车进县衙大门。到别的郡国去替人办事，能成则成，办不成的，也设法让各方面都满意，然后才敢接受人家的宴请。

许多人争着为他效力。城中少年、附近县城的豪杰常常十几辆车半夜来访，把郭解家的门客接回家供养。

到了汉武帝元朔二年（前127），各郡国的富豪被迁往茂陵，茂陵为汉武帝陵，迁徙标准是家有三百万资财。在轵县迁徙名单里有郭解的名字，但是郭解并无多少产业，远不够三百万的标准。大将军卫青，当时正是对匈奴作战的统帅，又是武帝卫皇后的弟弟，也去皇上面前替他说情。皇上说："一个平头百姓，竟然能使将军替他说话，可见他家不穷。"当郭解迁居，众人为他送行时赠送的钱达到了一千余万。到达关中后，无论贤人还是豪杰，无论从前知道还是不知道的，都争着与郭解交朋友。

不过，到底是物极必反了。郭解被迁离家乡，是轵县一杨姓县掾提名的，郭解哥哥的儿子咽不下这口气，砍了杨县掾的头，从此杨家与郭家结了仇。后来不知是谁再杀死杨县掾的父亲杨季主，杨家人上书告状，又被杀死在宫门下。于是汉武帝下令捕捉郭解。

郭解将母亲安置在夏阳（今陕西省韩城县一带），自己逃到了临晋（在今陕西大荔县一带）。临晋的籍少公与郭解素昧平生，郭解冒昧去见他，请他帮助出关。这样郭解辗转到了太原，所到之处都有人接待食宿。随后官吏追踪到籍少公家，籍少公宁可自杀，什么都不说。

郭解最终还是被捕了，被追查以往所有犯法罪行。一些查出来的命案都是发生在大赦之前，不能再追究了。

但是，不可原谅的事终于发生。皇上的使者正在轵县查办郭解一案，一天，有儒生以及郭解的门客陪同使者闲坐，门客称赞郭解，而一位儒生反驳说："郭解专做犯法的事，怎能称得上贤人?"郭解门客气愤不过，杀死了这个儒生，割下他的舌头。

官吏认为郭解知情，令他交出凶手，但郭解确实不知。官吏追查不出，只好断郭解无罪。这时御史大夫公孙弘站出来说话了，他说："郭解身为平民，却能令人为他杀人，这比他自己杀人更严重。应该判处大逆不道之罪。"就这样，郭解被灭族。

朱家和郭解是司马迁和班固着力描写的两个游侠。司马迁的笔调充满赞誉，他说："我看那郭解，状貌不及中等人才，说话也没有可取的地方。但是天下人无论贤还是不肖，无论认识还是不认识，都仰慕他，只要谈起游侠，都称道郭解。唉，他死了，真是可惜呀!"又说："像朱家、郭解这些人，虽然时常违犯法律禁令，但他们的行为廉洁而退让，与那些仗势欺人的豪强并不相同。我哀伤世俗之人不能明察，把朱家、郭解等人与暴虐豪强视为同类。"

司马迁表露的的确与统治意识背道而驰。郭解的父亲是被文帝杀死的，郭解则被杀于武帝之世，显然为国家所不容。

班固视游侠为奸雄，他抨击司马迁说，司马迁的是非观颇与圣人之道相悖。如那郭解之辈，为卑微匹夫，却操纵杀生之权，正是罪不容诛。虽然他们有善的一面，温良博爱，赈穷救急，谦退不张扬功劳，可惜所行多不合乎道德，杀身灭族，并非不幸。

司马迁所赞美的游侠信守诺言，不吝惜自己的生命去帮助困境中人，对人有恩却羞于自夸。人生难免有困境，谁不希望有人相救呢？这是司马迁赞美游侠的原因。有学者说，当司马迁因为李陵身陷囹圄，本来可以用钱财赎身，但是他自己清贫，而别人都回避了，远远躲着，他只有接受腐刑，这一耻辱深深影响了他的命运。或许在他的思想里，那些游侠往往是为不幸者带来希望的人。

班固不同。班氏家风温顺恭谨，如司马迁的游侠观班彪早已抨击过，班固这个一生都泡在正统思想氛围里的人，自入朝做官就是皇帝身边的宠儿，自然与那游侠格格不入。

不过，当班固最后一次被扔进大牢，与世隔绝，呼天地不应，不知他能否想起司马迁所说的，人都会有困厄，所以游侠值得称道啊。

4. 两种财富观

《史记》有《货殖列传》《汉书》有《货殖传》，古代的"货殖"与今天的财富经营同意。班固与司马迁的财富观迥然不同，司马迁讴歌财富，称颂那些平民富翁。班固不然，他要一种社会等级秩序，守本分比财富更重要。平民一旦致富则僭越，生活豪华超出规定，乱了等级，就是扰乱了皇帝的国家和社会。如班固这样的财富观，比儒家的鼻祖孔子还要极端。

孔子弟子中，有一位善辩的卫国人子贡（即子赣），子贡名端木赐，子贡是他的字。孔子称子贡为瑚琏之器，为社稷之才。瑚琏是宗庙里的礼器，与鼎同样高贵。子贡口才极好，这在古代是一项重要才能。鲁哀公时，鲁国的正卿——最高执政官季康子曾经询问孔子，子贡能否从政？孔子十分肯定，说："子贡口才通达，政事了然于心，从政哪里会有问题?"孔子自己都说，"赐的口才，比我好。"

子贡作过鲁、卫两国的宰相，今天看来他最辉煌的却是叱咤风云的外交传奇。司马迁这样描述他最传奇的一次外交旅程："子贡一出，存鲁，乱齐，破吴，使晋国强，使越国称霸。"

公元前484年，齐国相田常阴谋政变，先出兵伐鲁，把反对他的大将们打发出去作战。当大兵压境，孔子对弟子们说："鲁为我的父母之国，你们怎么不出去营救?"子路、子长、子石请求出去，孔子不许，子贡请行，孔子才答应。

那一年子贡三十六、七岁，正当盛年，而风度娴雅。他先去齐国游说田常，说："鲁国弱小，人不好战。不可与之争锋。不如伐吴，吴国城池坚固，士兵精锐。这容易攻取。"田常不高兴，说："难的说成容易的，容易的说成难的，你想教我做什么呀?"子贡说："我听说，内忧攻强，外忧攻弱。现在您忧虑的在内不在外。今若破鲁，功劳在大臣，势必难制，所以不如伐吴。伐吴必损兵折将，那时就没有谁反对您了。"田常经这一点化很高兴，说："好主意。可是大兵已到鲁境，若回头伐吴，大臣反对怎么办?"子贡说："您先按兵不动，请让我出使吴王，让他救鲁而伐齐，这样齐就可与吴交战。"

原来，十年前越王勾践率兵伐吴，反被吴败，被迫称臣。吴国有继续北上称霸中原之心，若一旦齐灭鲁，则齐国成为劲敌，所以子贡劝吴国扼制齐国。

子贡来到吴国游说吴王夫差，说："今齐国伐鲁，与吴争强，心下为您担忧。若救鲁，可以扬名，伐齐，则可消除对手，这是大利啊。"吴王心动，说："是好主意。可是，现在越王被我放逐到会稽，正卧薪尝胆，蓄养士气，有报仇之心。你且等待，待我击败越王，就前去救鲁。"子贡反对，说："越强不过鲁，吴强不过齐，大王扔下齐去伐越，齐早把鲁国灭了。大王正以继亡存绝相标榜，今若救鲁伐齐，然后加兵于晋，诸侯势必敬奉吴国，霸业可成。如果您担心越国，我请前往越国，令越王派兵从征。"

子贡至越，越王勾践亲自到郊外迎接，谦恭地接待他，问道："这里是蛮夷之地，大夫为何屈驾？"子贡说："我劝吴王救鲁伐齐，他担心大王趁机报仇。大王若能发兵从征让他安心，多献宝物令他高兴，谦卑地遵奉他，他肯定会北上伐齐。若不胜，则是大王之福，否则，必定乘胜伐晋。我马上北上拜见晋君，令晋与齐共同对吴。他的精锐势必消耗在齐、晋，大王乘虚而入，吴亡势在必然。"

吴王中计，发五郡兵北伐齐国。子贡马不停蹄赶到晋国，见晋君说："今吴国将与齐战，若败，越国必然趁乱报仇。若胜，吴王必定乘胜加兵于晋。"晋君恐怖，问："该怎么对付他？"子贡说："准备好兵器，士卒养精蓄锐，严阵以待。"然后子贡返身回到鲁国。

吴与齐军大战于艾陵（在今山东莱芜东北），大败齐国，虏获七位将军及所率之军。之后，吴王乘势进军晋国，与晋军战于黄池之上（在今河南省黄河以北封丘县荆隆宫乡桑园村东），吴军大败。

越王听到消息，立即北上攻吴，吴王狼狈回返。后来的日子里，越与吴三战皆胜，消灭吴国，一雪前耻。

从田常出兵伐鲁到越王灭吴，经过了十年时间。司马迁记载到："子贡出使之处，十年之间，五国各有变化。"

子贡还是个成功商人，孔子弟子中他最富裕。曹、鲁之间，即今天的曲阜到定陶一带是他的市场。因为富裕，每当出使诸侯列国，衣轻裘，驷马拉车，每到一国，国君把他待为贵宾。譬如，当他从吴国到越国，越王勾践亲自到城郊迎接，礼貌谦卑，不摆一点王者的架子。

但孔子内心不喜欢子贡多财。他最喜欢的弟子是颜回，曾感慨地说："颜回真是贤良啊！吃的只有一碗饭，喝的只有一瓢水，安心地住在陋巷，别人不堪忧愁，颜回却过得有滋有味。"回头责备子贡，说："赐不听话，去经商，算是幸运吧，竟能获利。"

司马迁最钟爱子贡，他写《仲尼弟子列传》，写子贡最多。在《货殖列传》里又写子贡，最后他说："子贡出使诸国，使孔子名扬天下。这就是所谓的有钱能使气势高涨吧？"因为阔绰，他可以风风光光地出使各国，服饰豪华，气宇轩昂，怎不叫人敬慕！

班固回到了孔子的立场上，说："七十二子之辈，子贡最富饶，而颜渊箪食瓢饮，在于陋巷。但孔子认为颜渊贤良，讥讽子贡。"

《史记·货殖列传》收列的成功经营者还有以下一些人。春秋时期，魏国魏文侯时期有白圭，被称为治生之祖，治生也是经营财富的意思。白圭的法宝是掌握市场供求，所谓人弃我取，人取我与。为了积累资本，他可以衣食简单，忍耐嗜欲，与奴仆同苦乐。当时机到来，如猛兽如鸷鸟，不顾一切占领市场，所以能获利丰厚。

秦始皇时，西北地区一位叫作乌氏嬴的，以畜牧为业，牲畜繁衍多了则出售，再买回上等丝织品，辗转前往西北的戎人居地，将丝织品献给戎王，戎王十分喜爱，十倍地酬谢他。戎人牧猎为生，就用牲畜回赠。就这样，乌氏嬴拥有的牛马之众，以致用山谷来量，没法悉数，只能说有多少谷。秦始皇尊重乌氏嬴，令他参加朝会，与国家大臣们一起参加隆重的礼仪聚会，并接受皇帝在宫殿里的宴请。

　　还有一位巴地区的寡妇，她的祖先发现了丹砂矿脉，世代开采，家资无数。到了她这一代，虽然是寡妇，却能将祖业经营的一点不差。秦始皇敬佩她为贞妇，封她一个称号叫作清，为她筑高台作纪念，就称为女怀清台。

　　这两人令司马迁感慨，说："乌氏嬴只是边地的牧人，清也是穷乡僻壤的寡妇，却令万乘之尊的君主敬重，名扬天下，难道不是因为富吗？"

　　西汉的平民富翁很多。蜀地的卓氏，即著名的西汉大文豪司马相如的丈人家、卓文君的娘家，靠冶铁致富。卓氏本为赵国人，秦灭赵，赵人被迁徙到西南，卓氏夫妻推着车上路，那些一起被迁徙的，稍有资财的争相贿赂押解的官吏，求着留在近处，这些人被放在葭萌（在今四川省昭化一带），唯独卓氏说："葭萌地方狭窄，土壤贫瘠。听说岷山之下为沃野水泽之乡，多生大芋，没有饥荒，那里人善织布，为天下所爱，容易出售。"请求迁到远处，到了今天的邛崃地区。卓氏如愿以偿，立即傍山开矿冶炼，贩卖于滇、蜀之间，快速致富，有家童八百，广有田园水池，逐日狩猎，生活富足快乐。

　　南阳孔氏也以冶铁为业。孔氏本为梁人（梁在今河南开封，为战国时期魏国都城），秦灭魏，孔氏被迁往南阳。孔氏冶铁规模很大，致富数千金。广占土地，多建陂塘。又与诸侯交往，车骑相连，很是风光。南阳的商人都学他的派头。

鲁地有富人曹炳氏，以冶铁起家，富至巨万，但仍不满足。他在各个郡国地放高利贷，倒来卖去，父兄子孙们约定，只要盈利，大小生意都不放过。鲁人本来好读书，少商贾，自曹炳氏大富，邹、鲁之人多弃文经商，变得比什么地方都厉害。

齐地有富商刀间，专爱用奴隶当帮手。齐地习俗贱奴隶，刀间独爱之贵之。那些小心眼儿多的滑头奴隶，别人都不敢要，只有刀间买回家，给他们本钱，让他们满世界地买卖逐利。有的奴隶很有收获，乘车骑马得意洋洋，甚至与郡国行政长官相交往，刀间愈加喜欢信任他们。靠着家奴们，刀间致富数千万。奴隶们自己都困惑了，说："是做个自由人好呢？还是只给刀间做奴隶好呢？"

西汉这些个富人，司马迁是当做贤良记载的。一个再简单不过的道理是，财富是生活的保障，连王公贵族都惧怕贫困，何况老百姓！只要正当经营，平民百姓可以富比王公贵族，也可以同样地享受优裕生活。司马迁很高兴地将他们比作"素封"，意为富敌诸侯的平民。

班固看这些人却不舒心。他说，如蜀地的卓氏、南阳的孔氏、齐地的刀间等人，垄断山川铜铁鱼盐之利，在上与国家争利，在下侵夺百姓生路，又生活奢华超出本分，这都是不轨的恶行。

如果回顾家族史，班固应该想起，他的七世祖班壹正是靠畜牧业发家的。班壹特地迁徙到水草丰美的楼烦，在那里变得跟秦始皇时期的乌氏嬴一样，牲畜多得用山谷来量。他的生活也如卓氏等人一样排场豪华，每每游猎，车旗浩荡，鼓乐震天，这也是僭越。

九、《五行志》

1. 上天的警语

在人类的精神世界里，有一种意识根深蒂固。正如六月飞雪是上天昭示窦娥之冤，那些大自然展示出的可怕场景，如日食、地震、冰雹、大旱、大水、火灾、山崩、蝗虫，以及不同寻常的天象和物象，如彗星划过天际，桃李在冬天开花，大鱼自杀在海滨，或者动物界和人类自身的变异，如男子变身为女性，长了两个脑袋的婴儿，不正常的服饰，鸡、犬、猪举动非常，等等一切，都是上天的警语，昭示人间有种种的恶，对人间王者提出告诫。

反过来，上天并不总是警诫，也调动所有的天象和物象来表彰王者的功德，或者赋予王者更多的权力。我们已经知道，在西汉平帝以后的一些年里，"上天"曾经为王莽降下那么多祥瑞。

在中国古代这一思想被称为"天人感应"，自然界和人间息息相关。两汉流行的"五行灾异说"是对"天人感应"思想的一种阐释。在西汉这一学说的发起者为董仲舒，之后，刘向、刘歆父子将之发扬光大。到了东汉，班固不能无视这一思想潮流，为《汉书》立《五行志》。在此之前，刘向已经写成《五行传》，班固写《五行志》多取刘向言论。

五行是中国本土产生的最古老的思想内容之一。自然界是由五种物质构成的，为金、木、水、火、土，五种物质相生相克，本应和谐如流水，构成世界的秩序。那些有能力主宰人类世界的人们，若他们的行为打乱和谐，表现出恶，自然界必定有所表示，如日食、地震、山崩、大水、大旱，所有灾难都是。有时人类的厄运不一定由他的恶行带来，只是一种命定而已，上天也会垂象告知。这些就是班固在《五行志》里表达的。

五种物质是以它们的特质来寓意人间事的。木的特性是能直能曲，如果君王行为不良，例如狩猎不在合适的时间，沉湎于酒色，徭役泛滥耽误农时，木就失去本性，变得不再曲直自如。若工匠用来做车轮，无法完美弯曲成圆，木也会发生精怪，变为人形，流血等等。

火的特性是火焰向上燃烧，如果人间执法错乱，功臣反被驱逐，太子被杀，以妾为妻，火就失去本性，不再上腾，而是从上而降，火灾于是发生。

土是稼穑所需，若兴建奢华宫室，铺张装饰高台楼阁，淫乱，冒犯亲戚，欺侮父兄，则土失去本性，即使没有水旱为患，草木百谷却都长不成熟。

金的本性是威严杀气，如果人君好战黩武，轻视民命，修建城墙，侵略邻国边境，则金失去本性，工匠冶铸多做不成器具，也会有精怪。

水滋润万物，若不敬鬼神，政令不合时宜，水就会成灾，洪流暴发，百川泛滥，淹没城乡，杀害人民，或者淫雨不止，伤害庄稼。

以火灾为例。西汉惠帝四年（前191）十月二十二日，未央宫内凌室起火，第二天，织室又起火。凌室就是冰室，织室则是纺织的地方。这场火灾，是吕后杀赵王如意、残害戚夫人激起的天火。刘邦晚年热爱戚夫人，戚夫人的儿子刘如意聪明伶俐，为刘邦的爱子，刘邦热切希望他成为皇太子。吕后与刘邦为患难夫妻，她的儿子刘盈是嫡长子，早已立为太子。那些刘邦的旧臣们也对吕后有敬仰之心。所以，当吕后听从张良的主意，请来商山四皓作皇太子的嘉宾，刘邦知道他的心愿不能实现了。刘邦知道吕后心中必定忌恨，将不知怎样加害于戚夫人母子二人。刘邦能做的最后一件事是委派周昌作赵王的相，保护他。刘盈与吕后不同，刘盈仁慈友爱，努力保护如意。但是一切都没用。公元前194年刘邦死后不久，如意被毒死，戚夫人则被砍去手脚，熏聋耳朵，灌了哑药，扔进厕所，吕后说那是"人彘"。

　　高后元年（前187）五月初四日，赵丛台起火，刘向说，仍然为了赵王如意的冤情。位于今天河北省邯郸市中心丛台公园的赵丛台，是古城邯郸的象征，在西汉赵丛台也是名胜古迹。相传战国时期，那位引进胡服和骑射作战技术的赵武灵王建了许多亭台，连成一片，里面可以作歌舞观赏厅，也可以作军事操练场，所以又有"灵武丛台"一名。赵丛台着火的原因，刘向说，是因为吕后将吕氏的女儿嫁作赵王如意的王后，这位女子性格颇为厉害，吕后希望她能相助去掉这眼中之钉。赵王如意终究被害，于是赵丛台起火。

　　景帝中五年（前145）六月二十二日，未央宫东阙起火。刘向认为，这是因为栗太子刘荣被废，然后自杀。栗太子被废之后，景帝的另一位儿子胶东王刘彻立为皇太子，后来成为著名的汉武帝。这一废一立发生在公元前 150 年，是一场宫廷的政治权力竞争的结果。

刘荣成为太子是偶然的幸运，却几乎是必然的不幸。景帝的薄皇后无子，也不得宠，而景帝的儿子刘荣正好是庶长子，汉景帝前元四年（前 153），刘荣被立为太子。这时，景帝唯一的同母姐姐、西汉历史上著名的馆陶公主刘嫖，希望她的女儿陈娇嫁为太子妃。但栗姬拒绝了。她讨厌这位大姑姐，因为当时景帝宠爱的美人们都是这位大姑姐奉献的，美人们夺走了本属于她的宠爱，而她自己受尽冷落。

刘嫖却打定主意，非让女儿嫁给他弟弟的儿子。景帝宠爱的另一位王夫人，就是刘彻的母亲得到刘嫖的青睐，于是，陈娇与刘彻这一对姑舅兄妹定亲。

但刘嫖对栗夫人的忌恨生根了。她对皇弟说："栗姬很妒忌啊，每遇到受宠的妃子，常令侍者在她们背后吐口水，诅咒她们。"

但是，栗姬的儿子是皇太子，子以母贵，母也以子贵。薄后已废，再立皇后的话，人选应该就是皇太子的母亲。景帝虽有新宠，但难以乱此章法。景帝曾经身体不舒服，闷闷不乐，想起诸位王子，对栗姬说："我百年以后，希望善待王子和他们的母亲。"栗姬非但不贤淑，不作卑弱状，还是个倔脾气，她听到那些受宠的人就生气，竟然不肯受命，且出言不逊。景帝心里已经十分恼怒，忍住了没有发作。

刘嫖的野心不仅仅是找一位皇子做女婿，她的女儿原本是要做皇后的，她有充足动力将刘彻推上皇太子的宝座。她有不少机会面见皇弟，总是提起王夫人的儿子有多么好。景帝心下也看好刘彻，当王夫人怀着身孕时，曾梦见日入腹中，景帝经常想起这一嘉瑞。但是改立皇太子可不是容易的事情。

王夫人也有心机，她竟然会用欲擒故纵之计。她暗地使人去游说大臣，令大臣请求立栗姬为皇后。大行，当时为接待宾客的外交官，果然上奏说："子以母贵，母以子贵，今太子母亲应该称皇后。"景帝心里正恼怒栗姬，怒斥道："这是该你管的事吗?"命令杀了他。皇太子也被废了，成了临江王，封地在今湖北省内。栗姬愤愤不能平，不久死去。

王夫人终于立为皇后，他的儿子刘彻，也是馆陶公主的女婿立为皇太子。

刘荣的厄运继续着。景帝中元二年（前148），他被控告侵占宗庙土地建宫殿，景帝令他回长安见面。临江王一行由江陵北门出发北上，当他登上车，车轴忽然折断了。江陵父老以为不祥，为他难过，流着眼泪偷偷说："我们的王怕是回不来了。"刘荣一到长安就被带到中尉府。中尉郅都是个刚性官僚，执法如山，从不通融。这一次虽然是面对皇子，依然可怕如地狱的判官。刘荣十分恐惧，他想写信给父亲谢罪，请求刀和笔，郅都竟然不许。景帝的母亲窦太后心疼孙子，令她的堂侄窦婴偷偷送去刀笔。刘荣写完信就自杀了。

刘荣葬于蓝田。据传数万只燕子为他衔土覆冢，百姓也都怜惜他。这确实是冤屈的事和冤屈的人，难怪上天降下火灾。

另一位皇太子的冤屈更惨烈。汉武帝征和元年（前90），史上有名的巫蛊案起，很多人被牵连。武帝的女儿诸邑公主、阳石公主，丞相公孙贺和他的儿子太仆公孙敬声，平阳侯曹宗等都死在监狱。到了第二年六月，皇太子刘据也被牵累进去了。那时，汉武帝信任大臣江充，但江充与太子不和，一直害怕将来太子即位后对自己不利，决意趁巫蛊之祸清除太子。他带人去挖掘太子宫寻找犯罪证据，果然掘出了桐木刻的木偶。太子没办法申诉，就同意了师傅石德的建议，先除掉江充。四月初九日，太子派人假冒使者去抓捕江充，把他杀了。汉武帝以为太子真的造反了，派丞相率领军队镇压，太子败逃至湖县（今河南省灵宝东）自杀。太子的母亲卫皇后也被逼自杀，太子全家被处死。只有太子的孙子还在襁褓中，幸存下来，就是后来的宣帝。

这一事件早有预兆。武帝太初元年（前104）十一月二十八日，未央宫柏梁台起火。到事件发生的那一年春天，涿郡（在今河北省涿州的冶铁炉又有怪异，熔化的铁销进出冶炼炉飞上了天，这也是火灾。

再如动物界的变异。那些近在人类身边的动物，如鸡、犬、猪，常常被上天用作传语的媒介。汉宣帝黄龙元年（前49），未央殿的鸡房里有一只雌鸡变为雄。汉元帝初元年间（前48—前44），丞相府一位属官家里的老母鸡完全变为雄，雄鸡的冠、相斗时用的刺骨都长全了，还会打鸣。之后，甚至有人将一只长角的鸡当成祥瑞献给皇帝。

这一连串变异先令当时的易学专家京房着了慌。今河南省清丰人京房生活在西汉昭帝、宣帝、元帝三朝，是中国历史上的《易》学大家，从他的老师焦延寿那里，京房学会用自然灾异解释卦象，进而推衍人事。对这些不守本分的母鸡们，京房这样解释她们的变异：鸡是天性知道时间的，母鸡变异意味着知道天时的人将死，而京房相信自己正是明了天地运行时序的人。

刘向认为京房是失算了。鸡是小畜，是管时间的，它至时而鸣，安排人的起居节奏，所以母鸡变雄是小臣执政之兆。刘向说的小臣就是汉元帝信任的宦官石显，这位今天的济南人本是少年犯罪被处了宫刑的，得到机会进宫当了太监，成了皇帝身边的红人。汉元帝时他做到中书令，掌握国家机要。

石显的确有政治才干。他曾经想结交外戚来巩固地位，那时元帝正喜欢一位冯皇妃，石显对元帝说："冯皇妃的兄长冯逡有才华，应该参与机要之事。"元帝马上召见冯逡，岂料冯逡屏退左右，极言石显专权，为所欲为，要元帝提防着他。但是元帝正因为依赖着石显皇帝才当得轻松，并不高兴听到如此一类话。冯逡升职自然无望，对皇上的那一席话也传到了石显那里。后来，御史大夫一职空缺，满朝大臣认为冯野王最有资格，元帝有同感，却习惯了征求石显意见，"冯野王正直有才能，比谁都适合。不过，他是冯皇妃的亲哥哥，人会不会说皇上任人唯亲呢？"冯野王到底没有当上御史大夫。其实，这位冯野王正是冯逡的哥哥，石显心里恨着那个不知好歹的家伙，怎能赞同他的哥哥作御史大夫。御史大夫是监察百官的，又是三公之一，仅次于丞相，经常是继任丞相的人选，石显自然不能让政敌坐到这一职位上去。

士人一向看不起宦官，但宦官因为侍候在皇帝身边，有时反倒比士人更能影响皇帝，因此中国历史上往往有宦官专权。宦官差不多已经不是雄性了，所以宦官专权的确类似牝鸡司晨。

关注这几起变性事件的人不止京房和刘向。又有人说，石显何足当此变化！黄龙、初元、永光年间的鸡变，是后妃之象。成帝以后皇太后王政君的娘家兄弟侄子相继专权，直至王莽篡取西汉江山，这与那只变成了拥有赳赳鸡冠和利爪、又会打鸣司晨的母鸡何其相似。

至于那些野生的动物，一旦与人亲近，却常是负载着上天的警诫而来。汉昭帝时，昌邑王刘贺在他的封国里（今山东省荷泽巨野县），一天听到有人喊"熊"，接着看见了一只大熊。他问周围的人，他们却什么都没听到也没见到。昌邑国的郎中令龚遂警告他说："熊是山野之兽，却来到宫室，只有您一人看见，这是上天警诫您，宫室空废成荒野才会有野兽，这是危亡的征兆。"

有时，动物界用同样的惨烈来预示人间悲剧。汉成帝河平元年（前28）二月，泰山山桑谷有鸢巢起火了，一些人听到山中群鸟惊叫，跑过去看，看到一棵四围的大树，有鸟巢离地五丈多高，被烧坏了纷纷落地，有三只幼鸢被烧死。这事非同寻常，以致泰山太守上报到中央。《易》经说："鸟烧了它的巢，路人先笑后号啕。"泰山也叫岱宗，为五岳之首，是人间王者祭祀上天的地方。鸢是黑色，代表贪虐。泰山山谷这棵参天大树上的鸢巢起火，正是上天的警告，告诫人间王者远离贪虐之人，否则将会自害后代，有绝世易姓的危险。

后来的日子里汉成帝被赵飞燕姐妹迷惑，但是赵皇后和赵昭仪都不生育，当许美人和另一名宫女曹伟生了皇子，赵昭仪才发现皇帝竟然并不忠诚，恼怒得无法排解，唯有杀掉那两对母子，而皇帝也愿意从命。这样，当成帝死的时候，他没有皇子可继承皇位，而赵氏姐妹也被先后追究罪责而死。这就是焚巢杀子、号啕大悲的照应。

后世对《五行志》有两种批判。刘知几是热赞班固和《汉书》的，却对《五行志》颇有微词。当他写《史通》评价历代史书，用了两卷的篇幅检讨《汉书》的《五行志》。他说，《五行志》凡例混乱，远没有《汉书》那般整齐的体例。又有引用史料错误，这也不符合班固审慎的精神。还有一个大毛病，有许多时候班固只记录灾异，却不记录相对应的人事，或者将灾异与人事牵强附会。

例如，西汉成帝建始三年（前30），有一个姓陈的九岁女孩，手执弓走进未央宫。成帝绥和二年（前7），一位叫王褒的男子，来到北司马门，进入前殿。对这两件事，班固没有解释好。

刘知几给予解释，说，女子九岁，九为阳数之极。在中国古代，二、四、六、八、十为阴数，一、三、五、七、九为阳数，九最大，所以为阳数之极。男子王褒，王为王莽的姓。王莽是由大司马篡位的，男子入司马门而上殿，寓意王莽由大司马篡汉为新朝皇帝。

还有，哀帝建平四年（前3），山阳（今山东省金乡一带）一位叫田无啬的女子听到腹中婴儿啼哭声。当婴儿出生，似乎不是活着的，被埋在了田间。都过了三天，有路过人听到啼哭声，婴儿母亲急忙赶去，扒开土一看果然活着，抱回家去抚养。

在古代这是有妖气的不祥事件。刘知几说，孕育一个婴儿的过程是有规律的，婴儿在母亲腹中竟然发声啼哭，这样的事情本不该发生，这是一个预示，预示王莽将要篡汉，婴儿出生时并不活着，埋葬了却不死，预示着王氏的天命不可遏制。

还有一个久远的秘密被透露出来。刘知几说，小女孩姓陈，王莽祖上正是陈氏。那位女子叫着田无啬，而田氏也是王莽的本宗。

原来，王莽的远祖是春秋时期人陈完，陈完是陈厉公陈佗的儿子。陈国国君与周天子都是黄帝后裔，公元前1045年，周武王封虞舜的后裔妫满为诸侯，建陈国，地在今河南省东部以及相邻

班　固

的安徽省一部分，建都在今河南淮阳附近，古代称作宛丘。

　　陈佗是陈文公的少子，文公死，陈佗的哥哥陈鲍继承君位，为陈桓公。但是，陈鲍、陈佗实为同父异母兄弟，后者的母亲是蔡国人，蔡国希望蔡氏的儿子陈佗为陈国公。

　　陈、蔡两国为近邻。蔡国地当今天河南省驻马店上蔡县一带，始封君主是周武王的弟弟，叫着叔度。本来叔度与另两位兄弟管叔、霍叔分封于东方，负责监督殷商遗民，就是史上有名的"三监"。周武王死后，武王弟弟周公辅佐年幼的成王，叔度等三人反对周公摄政，与商纣王的儿子武庚一起造反。周公率兵平定了叛乱，蔡叔度被放逐，但他的儿子姬胡有向善之心，周公推荐他继续为蔡公。

　　到了春秋初期，蔡国仍有锐气。公元前707年，陈桓公生病了，蔡国人杀了他的太子，陈佗被立为国君。为了报答，或者被操纵，陈佗娶了蔡国的女儿。但是这位女子在祖国另有爱人，她频繁地回国，陈佗也追随而去。陈鲍的三个儿子陈跃、陈林、陈杵臼游说了蔡国人，蔡国人杀死做客的厉公陈佗。

　　这三兄弟依次做陈国君，这样，陈完就没有了继位国君的机会，被贬为大夫。厄运还未结束，宣公杵臼在位时，他的太子御寇得罪了他，被杀，而陈完与御寇友爱，怕被连累逃到了齐国。齐国正当桓公在位，命陈完为工正，管理手工业。齐国有一位大臣懿仲，占卜到陈完将大兴于齐，将自己的女儿嫁给他。

　　陈完在齐国改姓田，称田完。果然，到了公元前489年，他的五世孙田乞做了齐国的相，掌握齐国国政。到了公元前481年，田乞的儿子田常杀死了齐简公和许多公族成员，另立齐平公，独揽国政。再经过一百年经营，到了公元前386年，田常的四世孙田和废黜姜姓的国君康公，将他放逐到海上，自立为齐君，同年，周天子承认了田和，封他为齐侯，姜姓齐国变成田氏的国家。这就是历史上的"田氏代齐"。所以说，将近四百年后王莽代汉，正可谓是承自祖先遗风呢。

2. 科学记录

二十世纪以来，《五行志》可谓命运跌宕。它被抨击过，山东籍的学者彭曦先生曾回忆五十年代他的大学时代，说："读大学历史专业，老师在讲授《汉书》时，有褒有贬，说班固谶纬思想严重，他的'天人感应'、'五德相生'等唯心史观特别体现在《五行志》中。并举例说《五行志》是荒诞不经。读相关介绍《汉书·五行志》文章，也大都有老师类似的说法。因之我便对老师的讲授深信不疑。"

后来，它却转而成为科学界的宠儿。历史学家说，历史资料是如此稀缺，无论《五行志》的宗旨如何，那里面的所有史料都无比珍贵，我们丝毫不嫌班固连篇累牍记载荒唐事，反而是嫌他记得少了。一点不错，《五行志》的记载包罗万象，现代科学的研究对象，上自天体、大气层、风霜雨雪，下至地面上的一切，山、川、鸟、兽、鱼、虫以及人类，形形色色，确实是一个史料宝库。其中很多记载令现代科学家惊喜不已。

例如，腹中婴儿发声。汉哀帝建平四年（前3）四月，山阳女子田无啬生前两个月，听到腹中婴儿啼哭声。彭曦先生说，他偶然看到1983年5月29日《健康报》头版一则附有照片的新闻，题目是"宫内婴儿啼不住，孕妇右耳闻哭声——发生在启东县的一种医学上罕见现象"，江苏省启东县大丰公社社员朱正芳，产前数日听到腹中有两个婴儿的哭声。从当时的公社医院到县医院，多次会诊都被证实，并剖腹产下一对孪生男婴。新闻的照片就是那两个刚出生的婴儿。

太阳黑子。汉成帝河平元年（前28）三月乙未日，日中有黑气，大如钱币，在日中央。这是世界上最早最准确的太阳黑子记录。

哈雷彗星。中国古代天文学家和历史学家所称的"星孛"，即彗星。"孛"为恶气之所生，为恶兆，民间称彗星为扫帚星，扫帚星成为不详的代名词。鲁文公十四年（前613）有星孛入北斗，这是世界第一次记录的哈雷彗星。汉成帝元延元年（前12）哈雷彗星再次出现，它的运行路线、出没时间和速度都被栩栩如生地保留在《五行志》中。

天文奇观。汉成帝建始元年（前32）八月二十七日午夜时分，有两月重见。其中一个，彭曦先生认为最有可能的是UFO，可以备为一说。

鲸鱼集体自杀。1784年3月13日，法国奥栋港发现32条抹香鲸集体自杀，从此鲸鱼集体自杀引起关注。但是1784年那次远远不是最早的，汉哀帝建平三年（前4），东莱平度有大鱼出水，长八丈，高丈一尺，共七只，都已死亡。东莱平度海岸在今渤海湾。这种长达14–18米、高达2米以上的大鱼，应该是鲸鱼，这是更早的鲸鱼集体自杀记录。

沙尘暴。成帝建始元年（前32）四月初八夜，长安西北有光似火，第二天早晨，从西北方向刮起大风，空气变得赤黄，笼罩天地，持续一个白昼和黑夜，落到地上为黄尘土。这就是一场沙尘暴，从今天的蒙、甘、宁地区，经过约12个小时到达长安。

陨石。鲁庄公七年（前 687）四月的一个夜晚，恒星不见，有星陨落如雨。西汉成帝永始二年（前 15）的一个夜晚，午夜过后，有星陨落如雨，向空中望去有一、二丈长，络绎而下，都在落地之前消失了，就这样降落着，直到鸡鸣才停止。

石鸣。今甘肃省甘谷县南部藉河上游有石鼓山风景旅游区，西汉时期这里是天水郡冀县境，石鼓山在当时称作冀县南山。山有大石，长一丈三尺，宽、高差不多也是，当地俗称石鼓。石鼓贴着山崖而悬，在地面之上二百余尺。汉成帝鸿嘉三年（前 18）五月初四日，石鼓鸣响，隆隆如雷，虽然顷刻而止，但声闻天水方圆 240 里，惊得野鸡呱呱乱啼。

这一石鼓轰鸣不止一次。十六国时期，在姚泓的后秦被东晋的权臣刘裕攻灭之前，冀县石鼓也曾轰鸣。郦道元《水经注》写道："有石鼓不击自鸣，鸣则有兵乱。"从科学的角度看，石鼓鸣响与兵乱本无关，却应该自有科学的机理在内。

火山灰云。汉元帝永光元年（前 43），自四月起，日色青白，无影，到了正午时分则有影无光。这一个夏天寒冷，到了九月太阳才发出光芒。这应该是火山喷发的后果，火山喷发出的灰尘足以遮挡太阳。2007 年 1 月，加勒比海岛屿火山喷发，火山灰冲天而起八千米高，遮天蔽日。再十年前的 1997 年，这座火山喷发出的灰尘掩埋了包括首府普利茅斯在内的全岛南部大部分地区。造成更大量火山灰的是 1982 年墨西哥埃尔奇琼火山，此年三月至四月间，这座火山七次大规模喷发，喷射物质在整个北半球形成厚达三千米的云带。在以后的半年到一年时间里，使得北半球日光变色，气温降低。

桃李冬季开花。汉惠帝五年（前 190）十月，桃李开花，枣树结果。这样的现象现在也时常发生。在苹果之乡烟台蓬莱市潮阳镇富阳耿家村，曾有一棵十五年生的苹果树，通红的苹果挂满枝头，同时却有白色的花点缀。秋、冬季节果树花开会影响第二年正常开花，现在，这是果树专家担心的果树疾病。

英国历史学家李约瑟先生一生致力于科学史研究。1937 年，当三十三岁的鲁桂珍成为英国剑桥大学生物化学系的留学生，她的导师德萝西的丈夫约瑟夫·尼达姆从这位中国女子那里接触到了中国的历史和文化，被中国古代丰富的科学思想、科学成果和科学记录深深吸引，这成为他的巨著《中国科学技术史》的写作缘起。

在《中国科学技术史》第四卷"天学"的"引言"里他写道："有很长一段时间（约公元前 5 世纪到公元 10 世纪），几乎只有中国的记事可供利用，现代天文学家在许多场合（例如对彗星，特别是哈雷彗星重复出现的记载），都曾求助于中国的天象记事，并得到良好的结果。……在其他方面，例如对太阳黑子（日斑），中国人早已非常正规地观测了许多世纪，欧洲人则不仅不知道，而且由于他们在宇宙论上的成见，也不能承认有这种现象存在。这一切在人类认识天象的历史上都是不小的贡献。"

李约瑟先生还曾经有一个以《中国古代和中世纪的天文学》为题的演讲，他说："太阳黑子记录始于公元前 28 年，如果伽利略和沙伊纳那时知道的话，一定会惊讶不已。"

关于哈雷彗星，他说："早在公元前 467 年，中国人第一次记录哈雷彗星，有关它多次回归的记录帮助了现代天文学家计算其近似轨道。"

十、《地理志》

1. 封建与郡县

在中国的版图上，据目前所知，人类大约经历了 200 万年漫长的旧石器时代，打制而成的石器是他们的主要生产工具。然后，在大约距今一万多年的时候，飞跃到新石器时代。在新石器时代，人类文明飞速发展，以磨制技术制造石器，普遍地制作和使用陶器，以及种植和畜牧的原始农业，是新石器时代文明的三大标志。石材经过努力磨制，变成精致的工具和锐利兵器。种植粮食和畜养动物使人类第一次得到稳定的生活来源，那些被种植和被养殖的粟、稻、鸡、猪，等等，帮助人类最终定居下来。陶器制作为人类提供各种生活器具，煮熟的食物有益于人类体质的发展。而房屋也成为生活必需品，于是村落出现。新石器时代的人类生活生气勃勃，在中国的辽阔版图上，新石器时代村落如星罗棋布，其中河北省武安市的磁山文化遗址，河南省渑池县仰韶村的仰韶文化遗址，陕西省西安市西北白鹿原下的半坡村仰韶文化遗址，都是广为人知的新石器时代文化遗址。

大约在距今四千年前后，人类制作出青铜的金属器具，中国文明进入青铜器时代。春秋战国时期，铁器逐渐普及，中国文明进入铁器时代。

从新石器时代开始，人类社会的组织逐渐扩大。在原始人类的智慧里，集体协作至关重要。以共同的血缘纽带组合而成的氏族，是氏族成员的精神家园，每一个人依赖着他的氏族而生活。氏族不断繁衍分化，新、老氏族联结为亲密而强大的部落，进而，那些亲近的或相邻的部落之间结成联盟，共同出征和防御，更有力地对抗敌人。新石器时代的大地之上，那些星罗棋布的村落的居民们，就这样逐渐建立发展着他们的社会关系，将小的血缘单位发展为广大的社会组织。

从新石器时代晚期开始，部落联盟间的战争增多，那些胜出的部落联盟控制的地区扩大。我们所熟知的黄帝、唐尧、虞舜、夏禹，都是中国远古部落联盟的杰出领袖，正是从他们所领导的部落联盟里，萌发了国家这一高级社会组织。一个传说讲到，当夏禹在会稽（今浙江省绍兴一带）召集各部落首领开会，防风氏的部落首领晚来一步，夏禹愤怒，自作主张杀死防风氏，这一故事反映部落联盟首领权力趋向专制。当夏禹去世，他的儿子夏启继承父位，但是，生活在今山东日照一带的夷人部落首领伯益，在虞舜在位时与夏禹同朝为官，被夏禹指定为继承者。当夏禹去世，启与伯益争夺权位，杀死伯益。夏启即位开启中国历史上的王位世袭继承制，天下成为王者和他的家族的天下，"家天下"的时代开始，夏朝建立，国家出现了。这时在公元前 21 世纪，距今四千多年。

公元前 17 世纪夏灭于商汤。当商王朝极盛时，它的势力范围东至大海，西达陕西省西部，东北达到辽宁省，南至江南一带。

而商王朝称作"邦畿"的直接管辖区，仅在今天山东省泗水流域到河南省伊、洛河流域的一片平原地带之上。商朝有内服、外服制度，为商代的政治特色。一种解释为，内服是商人本族的活动区域，即商王朝的直接管辖区，外服是方国存在区域。在属于外服的广大区域分布着许多氏族部落，部落有自己的领袖，商朝称他们为方国。商王并不干涉方国的人民生活，承认方国领袖的权威。那些被迫承认了商王权威的，只是需要对商王承担一定义务而已。同时也还存在着不甘心服从的方国。

当周代替商朝，周天子的王畿为宗周、成周地区。周朝定都镐京，在今陕西省西安市长安区西北，附近的渭河平原称为"宗周"。当周公旦平定管、蔡之乱，为镇抚东方在伊、洛河流域修筑雒邑，即后来的洛阳，称为"成周"。宗周、成周连成一片，为周天子直接统治区。

对心脏地区以外的广阔土地，周王朝也需要采用一种可行的管理方式，就是封建诸侯。与商王朝的方式不同，周王朝用分封宗族、亲戚和功臣的方式，用血缘关系和君臣关系的纽带将王畿以外的广大区域变成真正的国家领土。例如，周公旦的封国鲁，姜太公的封国齐，周武王异母弟叔绣的封国滕，使今天的山东省成为周王朝的牢固疆土。周成王弟弟叔虞的封国唐，后来叔虞自己改称晋国，使今天的山西省成为周王朝的牢固疆土。

也有类似商王朝的制度，承认地方首领的权威，分封他，使他成为王朝的诸侯国。例如楚国，楚人的领袖家族即后来的熊姓——我们已经知道这是班固远祖，一位叫着鬻熊的，是周文王的老师。周成王时，鬻熊的曾孙熊绎以曾祖父的功绩被分封为楚子，楚国被纳入周王朝诸侯国之列。

这样，在今天南至长江以南，西至甘肃，北抵华北平原北部，东至山东半岛的广大版图上，诸侯国代表周天子治理他的封地。诸侯定期觐见周天子，向周天子纳贡，随时听从他的调遣。这样的地方行政体系，是中国原汁原味的封建制。

　　分封制是当时对于广大地域的最佳管理方式。在顺应历史的同时，西周分封制有一个清醒的宗旨，即藩屏王室。那些前往各地的姬姓宗亲功臣是作为周天子的亲信力量分封出去的，因而成为周王室的强大支持力量。

　　作为区域内利益独立的主人，诸侯有着巨大的动力去开发他的封国，对于各地区经济、文化的发展立下了汗马功劳。例如姜太公的齐国，齐地多为盐碱之地，不利于种植，五谷不丰而人民稀少，姜太公劝民纺织，兼营鱼盐，以贸易立国，吸引来各地商贾，使齐国成为人物辐辏的大国。五个世纪后，当齐国宰相晏子使楚，楚国人欺晏子矮小，故意问他："齐国无人吗？派你为使者？"晏子说："齐国临淄有三百个间，人多得比肩继踵，张开袖子能遮蔽太阳，挥汗成雨，怎能说是无人？"虽为夸张的外交辞令，也反映了齐国的繁荣。

　　但是，即使是宗亲和功臣的诸侯国，在各自相当独立的发展过程中力量越来越强大，而离心力逐渐产生。

　　公元前781年，史上有名的周幽王继位。在古人眼里，他是一位沉湎酒色、信任奸臣的荒唐天子，褒姒则是他的祸水红颜。一个著名的故事是，为博褒姒一笑，幽王听从奸臣虢石父的计策，点燃骊山上的烽火，临近的诸侯看到狼烟升起，以为犬戎进攻，紧急赶来营救，可是并无敌人的影子，却有阵阵奏乐和歌声。看到诸侯纷乱赶来受骗的样子，褒姒果然一笑。但是诸侯有怨在心了。接着，褒姒谗言之下幽王废了他的原配申后，申后的儿子太子宜臼也被废。母子二人逃回位于今天河南省境内的申国。褒姒做了王后，她的儿子伯服成为太子。

在西北，今陕西、甘肃一带，有西周的劲敌犬戎不断地侵扰周境。公元前 772 年，那位女儿被废弃的申侯联合了今山东省西南部的缯国，以及周朝西方的敌人犬戎，东西夹击攻入西周，各地诸侯拒不救援，而周王室卫队一触即溃。幽王、褒姒及太子伯服仓皇而逃，犬戎追至骊山脚下，杀死了幽王和太子。

之后，晋、郑、卫、秦等诸侯联军打败犬戎，拥立原来的太子宜臼继位，为周平王。为躲避犬戎威胁，平王迁都洛邑。洛邑时代的周王朝被称为东周，以前为西周。

东周时期周天子已经无力控制四方诸侯，诸侯各自为政、互相兼并的春秋、战国时代开始了。

在兼并战争中，如何治理新征服土地是诸侯国面临的新政治命题。传统的分封制的弊端已经表现得淋漓尽致。春秋初期，当楚武王熊通打败他的邻国权国，权国迁徙，在新占领地区楚国设立了一个县，委派官吏前去镇守。县，正是"悬"的意思，指位于边境的土地。到春秋后期，县制逐渐推行于内地。到了战国时期，县已经作为地方行政机构而广泛设置了。县的行政长官县令由国君任免，直属国君。

郡出现在春秋末期，最初也设在边地，郡的辖区一开始就比县大，但因偏僻荒凉，地广人稀，地位却比县低。进入战国时期，郡辖区内逐渐繁荣，人口增多，于是郡下分设县，郡县两级制形成。郡守为郡之长，多由武官充任，有征兵领军之权。至战国末年，各国已经普遍设立郡县，郡县制成为各国的主要地方行政制度。

彻底的郡县制在秦国统一后确立。秦国最初设三十六郡，郡置守、尉、监，分别掌管行政、军政与监督，三者互不统属，互相监督，直接向皇帝负责。

不过，单纯的郡县制并未长久。当陈胜掀起反秦战争，秦二世而亡，这为以后分封制重生并长期存在提供了一个坚强理由。因此，刘邦必须消灭异姓诸侯王，并立下规矩，只有皇帝宗室可为诸侯王，这一规定成为两汉的金科玉律，而诸侯国与郡县并存的地方行政体系诞生。

汉武帝在全国设十三部州，京畿设司隶校尉区，与十三部州刺史分区监察所属郡、国和县，州只是监察区，还不是正式的地方行政机构。这样，监察区的州——郡、国——县——乡——里构成了西汉地方行政体系的基本框架。这就是班固作《地理志》时所面对的地方行政体制。

2. 政区地理志

班固需要将这一框架记录下来，于是政区地理出现。以行政单位的郡、国为单元，逐一记载属下各县，学者形容这一形式为"以郡为纲，以县为目"。在《地理志》中，帝国版图被分为若干的行政单位，或者说若干行政单位联结而成帝国的版图。

以政区为地理单元，班固还有一个坚强的理由。自战国以来，郡县制不仅仅是国家的地方行政制度，这一国家管理地方的制度也将烙印深深地铭记在人的身上。一个显著的现象是，一个人首先是以某郡、某县人进入社会的，正如今天，每个人的籍贯是以他所在的政区为准，而不是他身处其中的自然环境。例如《史记》

的西汉人物传记，司马迁开头写道："萧相国何者，沛丰人也。"翻译为"相国萧何，为沛郡丰县人。"再如："陈丞相平者，阳武户牖乡人也。"翻译为"丞相陈平，为阳武县户牖乡人"，又如："郦生食其者，陈留高阳人也。""郦食其先生，为陈留郡高阳人"。

中国最早的地理志为山川地理志，流传到现在的最古老的是《山海经》，其次是《禹贡》。《山海经》是人类对自然地理的最早认识成果，以自然地理环境为记录单位，将当时所知的地理分为山、海外、海内、大荒。山经五篇，分南、西、北、东、中五个区域，以山为纲，记载山体以及其中的河流、动植物、风俗等等。海外经四篇，海内经四篇，大荒经四篇，都分为南、西、北、东四个区域。在如此划分的地理单元里，物产、习俗、宗教、神话、民族、医药、古史等等丰富的内容被纳入其中。

例如《山海经》第一篇《南山经》写道："南山经之首为鹊山，鹊山之首为招摇之山。鹊山耸立在西海之滨，山上桂树繁茂，还有丰富的金、玉矿藏。山中有一种草，形状如韭菜，但花是青色，这草名为祝余，人吃了它就可以不饿。又有一种树，形状如构树，但枝干是黑色的。树上的花朵发光，花名叫着迷谷，人佩戴在身上，便不会迷路。山上有一种兽，形状如猴，但耳朵是白色的，它能伏地爬行，也能像人一样直立行走，它的名字叫着狌狌，人吃了它的肉，就会变得有力气奔跑。从鹊山流出一条河，滔滔西流，注入大海。水上有一种育沛，人佩戴着它就不生虫病。由招摇山向东三百里，是堂廷山，山上长着茂盛的桵树，还有许多白色猿猴，山中蕴藏着许多水晶，还有许多黄金。……"这是山川地理志的写法。

同《山海经》一样，《禹贡》的作者不详，成书年代也无定论，现在学者多同意成书于战国时期。《禹贡》将天下分为九州，实为九个自然地理区域。学者认为《禹贡》是先秦时期最富于科学性的地理记载，称之为"古今地理志之祖"。

例如《禹贡》如此描述"雍州"："黑水与黄河之间是雍州。弱水疏通以后，已向西流去。泾河注入了渭水。漆水、沮水合为漆沮水，也流入渭水，还有沣水同样流入渭水。渭水之北，东起荆山（在今陕西省富平县东南），西至岐山，之间的迤逦山道已经平治，东自终南山，西越敦物山，一直往西北到鸟鼠山、猪野泽一带，这片广阔平原和低谷湿地都得到了治理。三危山地区可以居住了，被驱逐到此地的三苗族也已顺服。雍州的土是黄色的，松软肥沃，土质最好，为第一等，赋税却只是第六等，属于中下。雍州的贡品是美玉、珠宝和美石。进贡的船只从积石山附近的黄河到达龙门、西河，与从渭水逆流而上的船只会集到渭水湾里。定居在昆仑、析支、搜渠的西戎各族都顺从了。"这片地区为今天陕西省至甘肃省，可以看出，《禹贡》对山脉分布、河水源流以及土壤等自然地理因素有着科学的了解。

一种较常见的看法是，作为第一部正史地理志，班固将《汉书·地理志》写成疆域政区地理志，后世每个朝代的正史无不沿袭这一模式，这阻断了山川地理志的传统，使中国迟迟没有形成自然地理科学。直到明代徐霞客以科学的视角游览天下山川，著《徐霞客游记》，才算恢复山川地理志的传统。

或许可以说，班固没有完全放弃山川地理志的传统，班固写《汉书·地理志》并非仅写政区建制而已，在政区地理之前，他引用了《禹贡》和《周礼·职方》，叙述先秦以来的自然地理，在政区地理之后则继续司马迁的叙述，加上朱赣的《风俗》一书，列举各地山川地貌与风俗特征。即使在以政区为单位的记载中，我们依然能读到山脉、河湖以及大自然的各种产出。有学者统计，《汉书·地理志》记载川渠 480 条，泽薮 59 个，描述了 300 多条水道的源头、流向、归宿和长度，是《水经注》出现以前内容最丰富的水文地理著作。还记载有 153 个重要山岳，139 处工矿物产位置分布。

在《汉书·地理志》中，班固详尽地介绍西汉的郡、国和县的建制，同时，他也努力地将自然和人文展现在其中。在简练的记载中，他提示我们去了解疆域政区的沿革，也提示我们去了解政区内所拥有的自然和人文，例如，在《地理志》所记第三个行政区"右扶风"的二十一属县之中，班固记载道：

渭城：原秦都咸阳。高帝元年（前 206）改名为新城，七年（前 200）废，地属长安。汉武帝元鼎三年（前 114），更名渭城。县境内有兰池宫。王莽改名为京城。

西汉渭城县故城在今咸阳东北。兰池为人工湖，水引自渭河，东西二百里，南北二十里，湖中筑土为蓬莱山，刻石为鲸鱼，鲸鱼长二百丈。兰池宫近水而建，使兰池成为秦朝的水景园。学者说，兰池宫可能在今咸阳市东北的杨家湾附近。兰池宫因与帝都咸阳近在咫尺，是皇家的游乐场所，《史记》记载，秦始皇三十一年（前 216）秦始皇微行咸阳，与武士夜出兰池遇盗，一度被盗所困，武士击杀强盗才得以脱身，于是关中大搜捕二十天，商旅不通，使得米价涨到 1 石 1600 钱。兰池宫秦朝末年被毁弃。

槐里：周朝称为犬丘，周懿王的都城。秦更名为废丘。汉高帝三年（前 204）改名槐里。汉惠帝时建黄山宫。王莽改为槐治。

西汉槐里县故城在今陕西省兴平县东南十里，犬丘在县的东南。公元前 899– 公元前 892 年，周懿王在位，无力抵挡西北方犬戎的侵逼，从镐京迁都到犬丘。学者说，天子的都邑岂能叫犬丘这样的名字！所以周朝时犬丘已改名为槐里。

黄山宫今天仍为兴平的名胜，故址在今陕西兴平县西南三十里的马嵬坡，地属马嵬镇。汉惠帝二年（前 193），依黄山形势建宫庙供奉老子，黄山宫成为道教早期活动地点。

黄山宫传到唐代愈加兴旺，唐太宗李世民自认为老子后裔，改黄山宫为老子宅，修饰得更加富丽堂皇。762 年，时安史之乱已经平定，唐玄宗从四川回长安，途经马嵬坡，去黄山宫烧香，并在院内亲手栽植一棵槐树。六年前的 756 年，安禄山、史思明叛军攻入潼关，玄宗逃往四川途中，他爱的人杨贵妃被士兵们缢死在这里，民间传说，杨贵妃的魂灵从马嵬驿飘到了黄山。明清两代的黄山宫规模宏大，香火旺盛。唐玄宗种下的那棵槐树生存至今，已经 1200 多年。

鄠：鄠曾为古国。有扈谷亭。夏启讨伐扈氏。丰水从县东南流出，又有潏水，皆北过上林苑入渭。有萯阳宫，秦文王建。

西汉鄠县故城在今户县北。这里曾为有扈氏的生活区域。在夏启废弃禅让制建立国家的过程中，这里发生过著名的甘之战。甘之战为夏启对有扈氏的战争，原来，当夏启杀死伯益继承父位，遭到有扈氏反对。启调集配属战车的王室卫队及诸侯族军数千人，西渡黄河，进攻有扈氏，双方对阵于甘。交战前，启召开誓师大会，发表著名的"甘之誓"，语言虽然古雅，表达的意思却与现代战争不差多少，他说："有扈氏蔑视自然规律，废弃正朔大典，为天所厌弃。现在我就恭敬地替天行道。……勇敢杀敌的，将在祖庙奖赏，否则，就在社神面前给予惩罚。"经多次作战，夏启消灭有扈氏，夏建国之路上的障碍被清除。扈谷亭或与扈氏有关。

上林苑为西汉的皇家苑囿，是西汉帝王狩猎、游乐的地方，也是军队训练场。汉武帝刘彻于建元二年（前138）因秦代旧苑扩建而成，在都城长安以南，地跨今长安、咸阳、周至、户县、蓝田五县境，纵横三百里，方圆九百万平方里。

上林苑保留着野生态，禽兽生活其中，为天子的狩猎场。汉武帝时期的大文豪司马相如在他的名篇《上林赋》里，描写狩猎场景为"秋去冬来，天子校猎，车骑如雷，惊天动地。"

上林苑也是宏大的园林。其中有36苑、12宫、35观，《上林赋》形容为"离宫别馆，满山跨谷"。36苑中，宜春苑里可游览可休息，御宿苑供御人止宿，皇太子招待宾客则在思贤苑或博望苑。12宫中，建章宫周长10余公里，为最大宫城，今天，它的前殿遗址保存在西安城西北10公里处高堡子村。宣曲宫是演奏音乐和唱曲的地方，在犬台宫里可以观看赛狗。在葡萄宫长着从西域引种的葡萄，在扶荔宫满是南方的奇花异木，如菖蒲、山姜、桂、龙眼、荔枝、槟榔、橄榄、柑橘。在35观中，走狗观也是赛狗的地方，走马观则是赛马场，鱼鸟观里养着各种鱼鸟，观象观里饲养着大象，白鹿观里养着白鹿。平乐观是角斗场，还有养蚕的茧观等等。

灞、浐、泾、渭、丰、镐、潦、潏八水贯穿上林苑，正是《上林赋》所谓"荡荡乎八川分流，相背而异态"，这使上林苑池沼众多，其中长安西南的昆明池最著名，水面332顷。这一泓水面荡漾上千年，直到宋代以后才消失。

秦惠文王（前337—前311）在位所建萯阳宫在渭水之南，邻近户县渼陂，在今陂头，为秦汉皇室离宫之一。秦原是西部边陲弱小的诸侯国之一，自秦孝公时期商鞅变法后逐渐强盛。孝公死后，其子即位第三年称王，号秦惠文王。惠文王继承秦孝公的做法，继续在国都咸阳附近建造宫殿。到秦始皇三十五年（前212）时，关中有三百宫殿，而关外有四百家。咸阳附近270座宫观之间建复道甬道相连，可以想象秦朝帝国心脏地区何等华丽。

萯阳宫曾是秦始皇囚禁他的母亲的地方。原因众所周知，他的母亲与假宦官嫪毐私通多年，嫪毐害怕丑行暴露，用太后的印玺调兵包围秦王嬴政的驻地蕲年宫，结果失败，被判处车裂，而太后被遣送到萯阳宫囚禁，一年后齐人茅焦冒死相谏，秦始皇才将她接回咸阳。

萯阳宫因远离咸阳，免于秦末兵火，在汉武帝、宣帝、成帝时还被作为上林苑的离宫使用。西汉末年战火烧过之后，萯阳宫荡然无存。

盩厔：有长杨宫，有射熊馆，都为秦昭王所建。有灵轵渠，汉武帝时期开凿。

西汉盩厔县故城在今周至县东三十里的终南镇。盩厔因字体奇怪，1964年改为周至。周至在兴平市的正南，在户县之西。

长杨宫在今周至县终南镇东南约5华里的竹园头村西50米处，到20世纪70年代，遗址被夷为平地，但有秦砖汉瓦留存下来。

长杨宫仍在上林苑中，射熊馆为它的大门。长杨宫为秦昭王始建，西汉时加以修饰。宫中有垂杨数亩，故称长杨。《周至县志》记载说，汉武帝在长杨宫射熊观狩猎时，曾一日击熊36只。

灵轵渠自今周至与眉县交界的灵轵原下引水，流经周至、户县，最后注入今长安县的斗门镇。一直到宋代，周至、户县的百姓都是引灵轵渠水灌溉农田。

郁夷：有汧水祠。莽曰郁平。

对于西汉郁夷县在今天的位置学者有不同说法，有说在今陇县西，另一说在陈仓一带。在今天宝鸡市陈仓区阳平镇以东数公里的渭河北岸台地上，有一个宁王村，在宁王村以北，有宁王秦汉遗址，遗址内发现"郁夷"字的汉瓦当，田静先生据此认为陈仓一带为西汉郁夷县辖境，这比较有说服力。

汧水祠是秦汉王朝祭祀汧水的地方。古人崇拜自然，认为山川皆有神灵，为之建立祠庙，按时祭祀。

美阳：《禹贡》记载的岐山，就在美阳县的西北。中水乡，周大王所邑。有高泉宫，为秦宣太后修建。

西汉美阳县在今扶风县法门镇，秦孝公十二年（前350）始设，另一种说法认为美阳县故城在今武功县西北。扶风、武功二县本来东西相邻，两种说法都有道理。

《禹贡》记载的岐山即今宝鸡境内东北部的箭括岭，因有双峰对峙、山有两歧而得名。岐山在中国历史上具有非凡意义，岐山脚下的周原在今岐山、扶风两县接壤处，是周王朝的发祥地，是周人最早建立国家的都邑，也是周文化的发祥地。

在周王朝的早期历史上有两位著名领袖，第一位是公刘，第二位为古公亶父。公元前12世纪，古公亶父率姬姓族人沿着漆水翻越梁山来到岐山脚下的周原。这一片原野，北有巍峨岐山绵亘东西，为天然屏障，南临宽阔的渭河，西侧有汧河，东侧有漆水河，水源丰富，气候宜人，土壤肥美。古公亶父占卜得大吉之兆，于是决定停留此地，从此姬姓部落自称为周人。

班　固

　　古公亶父领导周人开发沃野，营建村落、城郭，建筑祭祀祖先的宗庙，以及祭祀土神、谷神的太社。也开始设立管理族人的机构和官职，国家雏形初具，因居地周原，定国号为"周"。周的第一个都邑为"岐"，就在周原。

　　周文王姬昌为古公亶父的孙子。据文献记载，古公亶父喜欢姬昌，有意传位，但周人是以长子为继承人，而姬昌的父亲是他的第三个儿子季历。古公亶父的长子太伯、次子虞仲为了让位，出走他乡。古公亶父之后，季历、姬昌相继即位。武王灭商后，尊古公亶父为周太王。

　　姬昌在位时期积极向东拓展，在沣、渭之间建筑丰京，当周武王继位，再建镐京。丰京为宗庙、苑囿所在地，镐京为周王居住和理政的中心，而周原的岐仍是重要的政治中心。

　　现在的岐山拥有"青铜器之乡"、"甲骨文之乡"的美誉。晚清四大国宝中，大盂鼎、毛公鼎都出自岐山。

　　甘泉宫为秦宣太后所建。秦宣太后是一位非凡的女性，她是秦惠文王的第五等妃子，第五等妃称作八子，她为楚人，芈姓，因而被称为芈八子。她是秦始皇的高祖秦昭王的母亲，差不多也是中国历史上第一位执政的后妃，当然，她也不可避免地任用了她的兄弟们。

　　公元前 311 年秦惠文王死后，王后的十七岁儿子即位，为武王。武王确实好武，他身高体壮，勇力超人，常以斗力为乐。公元前 307 年，武王与大力士孟说比赛举重，他们的器具是青铜大鼎，这次武王很不幸，一举而被大鼎压倒，胫骨被砸断，几天之后一命归西。

　　他没有留下子嗣可继承王位，他的弟弟们成为人选。芈八子联合力量，使她十八岁的儿子嬴则成为秦王。公元前306年嬴则即位，为秦昭王。秦昭王虽然已是成人，而太后并不放权给他，她和她的兄弟们执政36年。秦昭王在位时间很长，共有56年，但在前36年并无实权。到了公元前268年，秦昭王忍无可忍发动政变，才迫使他的母亲交权。这位母后并非没有建树，在她执政的36年里秦国武功蒸蒸日上。

雍：雍是秦惠公的都邑。有祭祀五畤、太昊、黄帝以下的神祠303所。有橐泉宫，为秦孝公建。有祈年宫，为秦惠公建。又有棫阳宫，为秦昭王建。雍县有铁官。

西汉的雍县故城在今凤翔县南。秦国历史上曾有八个都邑，雍是其一。秦汉时期管理冶铁和铸造的机构称为铁官，雍县或许有铁矿资源。

漆：水在县西。有铁官。王莽改称漆治。

西汉的漆县故城在今彬县。漆县因在漆水之东而得名，漆水为渭河支流，又有杜水、武亭水、中亭水等名称。

栒邑：有豳乡，《诗》所说的豳国，为公刘的都邑。

栒邑县在漆县东北，即现在的栒邑县，故城在今县东北。公刘为远古周人部落首领，为古公亶父的九世祖。他最初的活动领域在今甘肃庆阳，在那里带领族人种植五谷，发展畜牧，这是周人农耕文化的先河。他将周人的疆土向南扩展到今陕西省中部，今彬县、栒邑都包括在其中。在公刘创业的基础上，古公亶父带领族人从栒邑南迁至周原，找到更好的发展空间。

公刘、古公亶父是周朝早期历史的缔造者。我们称古公亶父为栒邑人，而称公刘为庆阳人。现在位于庆阳西峰区温泉乡的老公殿被中国民俗学会命名为"华夏公刘第一庙"，每年古历三月十八，甘肃、陕西百姓赴庆阳公刘庙祭祀这位周族的农耕文化开拓者。

汧：吴山在西，也叫着汧山或雍州山。北有蒲谷乡弦中谷，雍州弦蒲薮。汧水出西北，入渭。芮水出西北，东入泾。

西汉的汧县故城在今天陇县南。

中国有五岳，又有五镇，五岳为人所知，五镇却有些被淡忘了。五镇为东镇青州沂山，南镇扬州会稽山，北镇幽州医巫闾山，中镇冀州霍山，西镇就是吴山。

吴山属于陇山山脉。陇山横亘于宁夏南部、甘肃东部和陕西西部，吴山为它的南段。吴山又称吴岳，吴岳应指吴山的最高峰，有学者考证说，吴岳应该就是今天甘肃省华亭县的五台山，五台山海拔 2748 米，是小陇山南段的最高峰。

吴山是我国祭祀吴帝、黄帝最早的地方。周、秦王朝因为都发祥于周原，吴山被认为有保护之功，被封为西岳。周、秦时期只封东西二岳，吴山祭祀礼仪往往超过泰山，所以吴山曾被誉为天下第一名山。在西汉曾有十一位皇帝二十三次来这里祭祀。

吴岳为汧水和芮水的发源地，前者入渭，后者东流入泾。汧县北有蒲谷乡，乡有弦中谷和弦蒲薮。学者解释说，当汧水流经弦中谷，由于河谷两旁高崖崩塌，壅阻水流而成薮，弦蒲薮就是如此形成，在今陇县西北。

好畤：梁山在东。有梁山宫，秦始皇起。王莽改称好邑。

西汉的好畤县故城在今乾县东 10 里好畤村。梁山在乾县东北。梁山在乾县西北 5 里，梁山宫遗址位于乾县县城西郊鳖盖至漠谷河东崖一带。

武功：有太壹山，古文称为终南山。又有垂山，古文称为敦物，都在县东。斜水源出衙领山北，至郿入渭。褒水亦出衙领，至南郑入沔。有垂山、斜水，褒水祠三所。王莽改为新光。

西汉武功县故城在今眉县东南40里处。太一山在眉县之南，今称太白山，为秦岭主峰。学者考证垂山当为岳山，在今眉县西南，太白山之西。

衙领山又在岳山之西。在今太白县嘴头（古代称为虢川）与桃川两镇之间有一道天然屏障——五里坡，就是班固所记载的衙岭山。衙岭山垂直高差不到300米，却是太白境内两大盆地之间的分界，也是渭水流域与汉水流域的分水岭。

斜水、褒水从衙岭山流出，两河源头直线距离不足1公里，而斜水东北流至郿注入渭河，今天的眉县与当时的郿地有关。褒水东南流到南郑入沔，南郑即汉高祖刘邦为汉王时的都城，今天仍在。沔水即汉水，在古代，沔水与黄河、长江、淮河一起被称为"江河淮汉"。

斜水、褒水两道河谷构成一条南北通道。斜水谷口在眉县西南30里，褒水谷口在旧褒城县北10里，两谷口之间的山谷长235公里，贯穿关中平原与汉中平原，是古人往来秦岭的通道。自战国起就有人在谷中凿石架木，修筑栈道，后代多次增修，这条通道就是著名的褒斜道。

3. 地域文化

人类文化是有地区差异的。不同地区有不同的生活方式和风俗习惯，造就了不同的地域文化，现代、古代都是如此。现在，如我们的方言、衣、食、住、行、社交礼仪都有着地域特征，这是我们所熟悉的。

古人对地域文化也很有兴趣，俗语说"百里不同风，千里不同俗"。司马迁写《史记·货殖列传》特别记录了先秦至汉代的地域文化。司马迁之后，成帝和平四年（前25）至鸿嘉元年（前20）间，丞相张禹派遣丞相府属官、颍川人朱赣寻访各地民风民俗，写成《风俗》一书。当班固写《汉书·地理志》，在政区地理之后继续司马迁的叙述，加上朱赣的《风俗》一书，展示了汉代文化的地域特色。

在司马迁和班固的叙述中，可看到地域文化的成因。首先是自然环境，一个地区的山川地貌、水文物产，决定了它的人民的生产、生活方式和性情、风俗，例如，江南地区气候温暖，物产丰饶，人民不用辛苦劳作而衣食常足，不用担心饥饿寒冷，因而不积聚财富，没有大富之家。其次是人类历史的积淀，教化是一个重要原因，当周公被封到鲁国，他的少子伯琴到达曲阜，用周天子的礼仪教化人民，于是鲁人有圣人教化。反面的影响也有，当年司马迁为写历史游览天下，走到薛地（在今天的鲁西南），发现薛地风俗与邻近的邹、鲁不同，有那么多性情暴烈的年轻人。司马迁不解，有人告诉他说，薛地原为孟尝君封地，孟尝君招致天下侠客，六万多家来到薛地，其中不乏奸诈、鸡鸣狗盗之徒，就这样改变了薛地的风俗。移民也是一个重要原因，正如孟尝君招致的宾客改变了薛地的风俗，颍川和南阳（现在河南省南部）本为夏禹之国，夏人崇尚忠厚，民风质朴，待到秦灭韩国，迁徙天下不轨之民到南阳，这改变了南阳的风俗，变得好虚荣奢侈，崇尚力气，喜欢经商赚钱，好渔猎，藏匿奸雄，令国家难以制御。

班固描述的第一个文化区是关中。他说，从周人的始祖后稷生活的邰，到公刘所处的豳，古公亶父所迁徙的岐，文王所建丰都，到武王所建镐京，即今天的武功、郇邑、岐山到西安一片区域，人民有先王遗风，好稼穑，勤于农业。

当西汉建立，这一区域的质朴之风为之一变。西汉建都长安，在长安之北今咸阳一带，刘邦为自己建长陵，长陵设县，齐国宗室贵族诸田氏，楚国昭王、屈王、景王宗室，以及西汉诸功臣被迁徙到长陵县，此后，历代皇帝建陵设县，都要迁徙各地二千石官吏、富人、豪杰之家到新县定居，因而关中居民来自四面八方，风俗不再纯正。贵族世家讲究礼仪文采，富人则一门心思赢利，豪杰们崇拜游侠，往往行为不轨。总的说来，西汉的关中为郡国辐辏，各地人集聚，吃饭却不种植，这诱惑得农民们也去本逐末，放弃农业去经商了。关中又是达官贵人和富人集中的地区，诸侯贵人们服饰车马往往超过规定，百姓纷纷仿效，唯恐不及，风俗变得奢靡过度，尤其是嫁娶和送终。

西汉的大西北，从武威以西到边境，即今天甘肃省西部，汉武帝时期刚从匈奴手里夺取。当匈奴被驱逐，西汉在那里设武威、酒泉、张掖、敦煌四郡，称为"河西四郡"，从内地迁来的人民，不是关东的穷人，就是报仇杀人过当的，甚至那些悖逆不守法度的，这等人扶老携幼迁来定居。但是，虽然居民为此等人，又为边地，河西的风俗却比内地都好。原来，河西地区地广民稀，水草丰美适宜畜牧，凉州很快变成富饶的畜牧之地。这里的气候也总是风调雨顺的，粮食充足便宜，人民生活丰足。朝廷派来的二千石郡太守，因为有镇守边境的责任，都以训练兵马为首要政务，政治宽厚，官吏对待百姓一视同仁，吏民关系亲密。这一切使得河西地区安定而和气。

在西汉一代，人类精神文明如花朵绽放的地区是西南的蜀地。

今天的四川松潘以南，北川、彭县、洪雅以西，峨边、石棉以北，邛崃山、大渡河以东，以及康定以南、冕宁以北地区，属于西汉的蜀郡，郡府在成都。西汉景帝以后，这片土地变成文学和儒学的沃土。

今天的四川、重庆到湖北西部一带，西汉时的人民被称为南夷。这里土地肥美，江水滋润沃野，山林葱郁，富有树木、菜蔬和果实。人民以稻鱼为食，都为土地所盛产，生活资料容易获取，因而没有愁苦。但是民俗轻浮柔弱，无学术而有蛮夷风。

汉景帝末年（前157—前141景帝在位），庐江郡舒县（今安徽省舒城县）人文翁被任命为蜀郡太守。文翁为人仁爱，善于以教化人。他从郡、县小吏中间挑选了十几个人，送他们到京师长安师从博士学习儒经或法律。那十几个人的学费，都是文翁从郡府开支中节约出来的，购买刀、布等蜀地物品，西汉制度，每年年底各郡的计吏进京汇报工作，蜀郡的计吏总要带着刀和布等物品进京，奉送给教授蜀郡学子的博士。几年后，十几个学生学成归来，文翁令他们担任郡县的高级职位，按照当时的察举制度，郡守有义务向国家推荐人才，文翁就依次将这第一批学子推荐给国家。后来，甚至有人做到了郡守、刺史。

当蜀郡有了自己的读书人，文翁就在成都建起了学官，这是中国历史上第一所地方官办学校。县里的子弟们被招来授业，与京师太学一样，学生们不承担徭役。学得最好的可以做郡县吏，次者可以被举荐为孝弟力田。孝弟力田是惠帝设置的选拔人才的一个科目，最初是为了奖励那些孝敬长辈、友爱兄弟的人，以及努力耕作的人，中选者免除徭役，经常受到赏赐。到文帝时，被举荐为孝弟力田之人与三老都成为郡县掌教化的乡官。

在比较随便的场合，文翁会经常地挑选一些学生，让他们承担一些事情。每次出巡属县，都会挑选通晓儒经、行为端正的学生一起前往，让他们传布教令。这让县里的官吏、百姓羡慕不已，几年后，大家都争着入学官读书，富人则愿意出钱送子弟入学。蜀地风气大变，前往京师求学的蜀郡人，竟然与来自齐、鲁两地的人数不相上下。

文翁在蜀郡去世，官僚百姓们建祠堂祭祀他。文翁在蜀郡倡导教育，被称作"文翁化蜀"。文翁兴办蜀郡官学也是中国教育史上的大事，成都的蜀郡学官为西汉教育做出了榜样，汉武帝命令天下郡国设立学校，西汉的地方教育就此发展起来。

得益于教育，蜀地成为文学和经学的沃土。在西汉的汉赋四大家中，除了枚乘为淮阴人，司马相如、王褒和扬雄都是蜀郡人，可见西汉时期的蜀郡文化气氛有多么浓郁。

司马相如生活在汉景帝到汉武帝时期，他的籍贯一说为蓬州人，在今南充，一说为成都人，司马迁写道："司马相如者，蜀郡成都人也。"司马相如自少爱好读书，学击剑，亲人为他起名"犬子"，当他变得有学问，爱慕战国时期赵国宰相蔺相如，于是自己改名为相如。

汉景帝时，司马相如拿钱做了郎官，做了武骑常侍，为皇帝的侍从官。这位二十多岁的年轻人洋溢着文才，但汉景帝对文辞没有兴趣。当景帝的同母弟梁孝王刘武来朝，随从的有枚乘，司马相如与梁孝王的随从们一见如故，随梁孝王来到封地（在今河南商丘），在那里游历数年，其间写下了《子虚赋》。

梁孝王死后，司马相如回到蜀地，家贫又无业，而当时的临邛县令王吉是他的好友，于是受王吉邀请前往临邛。临邛多富人，我们已经知道的一位就是卓王孙，还有一位程郑，也靠铁冶致富，家境与卓文孙不相上下。这两人商量说："县令有客，应该设宴招待。"于是设宴，县令亲自迎请司马相如赴宴，司马相如风度翩翩，文采飞扬，令满座倾倒。当此之时，卓王孙的女儿卓文君正寡居娘家，对他一见钟情，而司马相如自己早有心于这位富家千金，于是有了二人的浪漫私奔。

当汉武帝即位，司马相如的黄金时代来到。汉武帝读《子虚赋》，感叹说："可惜不与此人同时代。"其时他身边正有一位来自蜀郡的官，此人名叫杨得意，主管皇帝的猎犬，也是皇帝的亲近官，杨得意禀报到："臣的同乡司马相如曾说他写过这篇赋"。皇帝又惊又喜，立即召唤司马相如。司马相如为武帝写了《上林赋》，武帝令他再次做郎官。汉武帝极爱文辞，从此司马相如以文章立身扬名。当他最后养病在茂陵，汉武帝说："司马相如病成这样，快去取回他的作品，晚些就没了。"原来，司马相如每写出一篇文章，随即被人买走，可见那时他是多么著名。

蜀郡的后辈们羡慕司马相如不已。资中人王褒（为今天资阳市雁江区墨池坝人）成为汉宣帝时期的著名文学家，成都人严君平是著名道家学者，他的学生成都人杨雄也为西汉后期的文豪，当汉成帝时，长安城的班氏宅第常有文化人聚会，杨雄就在其中。班固说："王褒、严君平、杨雄等人文章冠天下，是因为文翁倡导教育，而司马相如为之榜样。"

对于文翁来说，蜀郡灿烂的文学之葩或许是他意料之外的，他倡导的是道德以及经世致用的教育。他本人就是《春秋》专家，那些到京师的学生跟从博士学习的是儒经和法律。在成都的学官里，儒、法也是最重要的课程。巴蜀人变得彬彬有礼，班固说，这都源自文翁的教化。

在东方有一处著名的文化圣地，就是鲁国所在的地方。当周公受封曲阜，姜太公问他将如何治鲁，周公回答说"尊尊而亲亲"，在尊卑秩序之下，以仁爱孝悌教化人民。伯禽带着这一理念和周礼前往曲阜，使鲁国成为礼仪之邦，所以孔子说："鲁国差不多接近圣人教化了。"

有一个场景可以代表鲁国曾有的醇厚民风。鲁国在洙水、泗水之滨，人们渡河的时候，都是年轻人搀扶着老者，老者的行李也由年轻人拿着。

但是慢慢地，人们变得不那么友好了。同样表现在洙、泗之滨，渡河的时候，老人们不敢心安理得地接受帮助，常常与年轻人谦让。所以司马迁感叹说："鲁道衰啦，洙泗之间人们分得那么清楚。"人们不再尊老爱幼地亲如一家。

到了孔子的时代，孔子忧虑圣人教化将废，于是修撰六经，记述唐尧、虞舜以及夏、商、周三代兴衰之道，弟子数千，而学业好的有七十二人。鲁人变得好学，崇尚礼义，有廉耻之心。

到了西汉，鲁地出了一位大富商曹炳氏，邹、鲁之人多弃文经商，变得比什么地方都厉害，好读书的风气淡了。

到了班固的时代，他伤感鲁地的风气，说："现在，离开圣人的时代已经很久了，周公的教化早已衰微，孔氏的学校也已衰败。地小人多，虽有桑麻之业，物产却不像林泽之地那样丰饶。人民习惯了俭省，吝啬爱财，热心经商赚钱。人们互相诋毁，多奸诈虚伪。至于丧祭之礼，虽然写得很好，而拿出的祭品其实很少。只是，这个地方还是保留了好学的风气。"

齐地与鲁地相隔着泰山，齐在泰山之东，鲁在泰山之西。有一种观点认为，鲁局促内地，比较保守，齐背山而面向大海，比较开放。

当姜太公到达他的封国，由于海水倒灌，盐碱地上五谷不丰，人民也少。太公于是鼓励手工业和商业，丝织业发展起来，冰纨绮绣那样的美丽丝织品畅销天下，而大海富于鱼盐之利，齐国吸引了天下商贾，变得熙熙攘攘。到了第十四世的齐桓公时期，桓公重用管仲，适当地调节商品、货币流通，控制物价，齐国变得更加富裕，这样的经济基础使齐桓公成为春秋时期第一位霸主。

也是因为富裕，齐国人生活讲究，衣食穿戴富丽，与鲁国人的俭省完全不同。

姜太公致力于创造财富，却没有忽视道德教化。班固说："太公治理齐国，修道术，尊贤智，赏有功，所以，至今齐人多好经术，热心建立功名，风度从容洒脱，足智多谋。"

也有不好的一面，班固接着说："齐地风俗不好的地方是奢侈斗富，拉帮结伙，往往言行不一，虚诈不诚实。官府管得急了就离散，稍微管得松一些就放纵。"

齐地还有一个特殊风俗，就是长女不嫁。原来，齐桓公的兄长齐襄公淫乱，他的姑姊妹都不出嫁，为了遮丑，襄公不许齐国人家的长女出嫁，将长女叫着"巫儿"，主持她家的祭祀，说，如果嫁人将给娘家带来厄运。这个习俗一直持续到东汉，班固说："齐人至今都有不嫁长女的，可惜啊，教化之道，敢不谨慎吗！"

今天的朝鲜半岛，曾经是孔子向往的礼仪之邦。孔子曾说："大道施行不了，就乘着木筏漂洋过海。跟随我的人，大概是仲由吧！"有学者说，孔子想去的地方就是朝鲜半岛。

朝鲜半岛的历史可追溯到中国的商、周时期。当周武王灭商，商纣王的一个叔叔箕子流亡到朝鲜半岛北部，被当地人民推举为国君，这得到周武王认可，箕子被封为朝鲜侯国，从此史称"箕子朝鲜"。箕子带去了商代的礼仪，也教会当地人养蚕丝织。孔子曾经称赞西周的典章制度，说："西周借鉴了夏、殷两代，多么丰富多彩啊。"周代社会礼仪温文尔雅，这也是商代的传统。到了孔子的时代，礼崩乐坏，诸侯兼并不已，而朝鲜却是一方净土，人人仁爱贤良，所以让孔子向往。

公元前4世纪末，战国七雄之一的燕国占领辽东半岛。秦朝统一中国之后继续对朝鲜半岛的控制。到了西汉初年，燕王卢绾（封地在今北京地区）与汉朝发生战争，人民逃往朝鲜半岛躲避战乱，燕人卫满在此时期进入朝鲜，受朝鲜王委托守护西北边境，成为难民领袖。不久，卫满赶走朝鲜王，自称为王，这开启了卫氏朝鲜时代。

一百多年后，西汉元封三年（前108）汉武帝征服朝鲜，在朝鲜半岛北部（今朝鲜）境内设置乐浪、真番、临屯、玄菟郡，使朝鲜半岛进入郡县时代。

当西汉统治进入朝鲜，朝鲜的民风开始变化了。在西汉统治朝鲜之前，朝鲜民风质朴安定，只有八条法规相约束，杀人者抵命，伤人者以谷赔偿。偷人家东西的，一旦被发觉，男子去被盗者家里为奴，女子为婢，若想自赎，每人出五十万钱给主人家。不过，即使能拿钱自赎，免去奴婢身份重新为平民，社会仍然看不上他们，这样的人家，没有谁愿意与之结亲，所以人民终生都不做盗窃的勾当。这样的社会风气之下，朝鲜确实是夜不闭户，妇女们也都贞洁。

乐浪四郡的官吏最初都是来自辽东郡。当他们来到朝鲜，看到人民并不掩藏自家财富，官吏，还有那些内地来的商人往往趁夜色将人家的东西偷走。原来的纯厚风俗被破坏了，不规矩的人多起来，到了班固的时代，朝鲜的法规条文增加到了六十多条。

十一、文学家班固

1. 一个汉赋家族以及东汉大赋的再兴

从西汉到东汉的四百年里，有一种富丽的文体是两汉人的最爱，这就是赋。自然地，汉赋成为两汉最伟大的文学成就，正如唐诗与宋词代表着唐、宋文学，汉赋也成为汉代文学的代表。

在战国时期著名儒家荀子的作品里，有十篇被他命名为赋，现存还能读到《礼》《知》《云》《蚕》《箴》五篇，例如《蚕赋》："……食桑而吐丝，前乱而后治，夏生而恶暑，喜湿而恶雨。蛹以为母，蛾以为父。……"从此有了"赋"这样一种文体名称，所以学者说荀子开创了中国赋体文学的先河。

后人将汉赋分为大赋和小赋。汉大赋又叫着散体大赋，语言铺张富丽，规模宏大，气势磅礴。小赋篇幅短小，语言也显朴素。

洛阳人贾谊被称作汉赋的开创者，《吊屈原赋》《鹏鸟赋》是他的代表作。贾谊大致出生在公元前 200 年，为少年才子，自小博览群书，十八岁时已经名闻河南郡。当时的河南郡太守吴公是秦朝丞相李斯的学生，也是学识渊博的人，极为赏识贾谊，将他招至门下。汉文帝元年（前 179），吴公被征至京城担任廷尉，

班　固

作为他的得意门生，贾谊于二十一岁成为当时最年轻的博士。

这位年轻人对政治太关心了，著名的《过秦论》《论积贮疏》《陈政事疏》都是他写给皇帝的政治见解。汉文帝乃有为君主，很是赏识他，一年之内贾谊破格迁任太中大夫，为议论政事的高级官员。然而，他被老派的功臣和新的显贵一起妒忌，前者如汉高祖刘邦的老部下周勃、灌婴，后者如文帝的宠臣邓通。文帝三年（前177），他离开京城，去了遥远的长沙王国做长沙王傅。

当他南行途经湘江，望着滔滔江水想起了屈原，于是作《吊屈原赋》："……呜呼哀哉！逢时不祥。鸾凤伏窜兮，鸱枭翱翔。阘茸尊显兮，谗谀得志；贤圣逆曳兮，方正倒植。……""多么不幸啊，遭逢时世不祥。凤凰躲藏奔窜啊，恶鸟高空翱翔。小人显贵啊，谗谀之徒得志猖狂。贤圣之人处逆境啊，正直颠倒反常。……"学者说，贾谊的赋仍是《楚辞》的传统，还不是全新的文体。

再后，当枚乘创作了《七发》，这一新的文体才算正式诞生。《七发》成为汉赋的开端，对于语言铺张富丽、结构宏阔的汉大赋而言，《七发》已经形神俱备。《七发》虚拟楚太子生病、来自吴国的客人提出七种治疗方法，因而展开笔势，用七大段文字铺陈了音乐的美妙，饮食的甘美，田猎的狂乐，以及江涛的壮观等等，例如"曲江观涛"：

客曰："将以八月之望，与诸侯远方交游兄弟，并往观涛乎广陵之曲江。至则未见涛之形也，徒观水力之所到，则恂然足以骇矣。……于是澡溉胸中，洒练五藏，澹澉手足，頮濯发齿。揄弃恬怠，输写淟浊。分决狐疑，发皇耳目。当是之时，虽有淹病滞疾，犹将伸伛起躄，发瞽披聋而观望之也，况直眇小烦懑、酲

◆ *143* ◆

酿病酒之徒哉！"

翻译为："我们将要在八月十五日，和诸侯及远方来的朋友一同去广陵的曲江观涛。初到时还未看到江涛兴起的迹象，不过只看那水力所到之处，就足以使人惊恐了。……于是涤荡胸中，洗濯五脏，洗净手脚和发齿。抛弃了安逸懒惰，清除了污浊。疑惑的事情变得清清楚楚，眼睛耳朵也豁然开朗。当此之时，纵使是久病不起，患有顽疾，也会将驼背伸直，跛脚抬起，盲目张开，聋耳通启，何况只是胸中小小的郁闷、伤于醉酒的人呢！"

到了汉武帝时期，司马相如将汉赋推向高峰。他是汉大赋的奠基者，也是西汉大赋的最高成就获得者。他的代表作《子虚赋》、《上林赋》描写宫苑的豪华壮丽与天子的游猎盛况，极尽华丽与夸张，例如：

"独不闻天子之上林乎？左苍梧，右西极。丹水更其南，紫渊径其北。终始灞浐，出入泾渭；酆镐潦潏，纡馀委蛇，经营乎其内。荡荡乎八川分流，相背而异态。东西南北，驰骛往来，出乎椒丘之阙，行乎洲淤之浦，经乎桂林之中，过乎泱漭之野。"

"于是乎离宫别馆，弥山跨谷，高廊四注，重坐曲阁，华榱璧珰，辇道缠属，步櫩周流，长途中宿。"

"于是乎背秋涉冬，天子校猎。乘镂象，六玉虬，拖霓旌，靡云旗，……孙叔奉辔，卫公参乘，……河江为阹，泰山为橹，车骑雷起，殷天动地，……"

翻译为：

"难道没有听说过天子的上林吗？东边是苍梧，西边是西极，丹水从南流进，紫渊从北流出。霸水和浐水始终在苑中流淌，泾水、渭水流进又流出。酆水、鄗水、潦水、潏水曲折宛转，环绕苑中。浩浩荡荡的八条河川，流向不同，姿态各异，东西南北，往来奔驰。从对峙的椒丘山谷流出，绕过水中之洲，穿过桂树之林，流过辽阔的原野。"

"上林有离宫别馆，满山跨谷，廊庑四面环绕，楼阁曲折相连，雕画的椽子，碧玉装饰的瓦珰，皇帝乘辇而行的阁道接连不断，长廊环绕着宫殿，一天也走不完，只得中途住宿。"

"当秋去冬来，天子校猎。乘着象牙雕饰的车子，六匹佩着玉勒的骏马驾车，举着霓虹一样五彩羽毛坠饰的旌旗，挥着画熊画虎状似云气的大旗。……太仆卿驾车，大将军陪乘，……以江河阻拦禽兽为阵，以泰山为瞭望楼，车骑如雷，惊天动地，……"

汉武帝至宣帝的九十年间是西汉王朝的鼎盛期，也是汉赋的鼎盛期。帝国的文治武功为文人提供了广阔的创作空间。这一时期的赋作大部分为描写帝国威震四方的气势，繁荣的都邑，丰饶的物产，宫室苑囿的富丽，以及帝王贵族田猎的壮丽场面。在所有作品中，司马相如的《子虚赋》《上林赋》最华丽，最有气势。可这样说：司马相如为汉赋树立了一座榜样的丰碑，但同时也竖立了一道障碍，后世作者不得不模仿他，却再也难以超越他。

司马相如之后，有两位作家做到了有所超越，一位是杨雄，第二位就是班固。杨雄被认为西汉末年最著名的赋作家，《甘泉赋》《河东赋》《羽猎赋》《长杨赋》是他的代表作。在他的时代，他的同乡司马相如早已是名满天下了，是他无比羡慕的前辈，也是他模仿的榜样。杨雄后来被推荐给汉成帝，正因为他的文章类似司马相如。这四篇赋与《子虚赋》《上林赋》确实相似，铺张地描写富丽堂皇的宫殿，喧闹欢腾的狩猎场面。据传，当《长杨赋》写成，天下震惊，万人传诵。

杨雄的赋更有思想。杨雄认为赋应该是有讽谏功能的，因此他的赋作里有更多讽谏的语言。例如《长杨赋》借客卿子墨的口吻写道："且人君以玄默为神，淡泊为德，今乐远出以露威灵，数摇动以罢车甲，本非人主之急务也，蒙窃惑焉。"翻译为："况且人君本应清静无为，安静淡泊，现在喜欢远出以展示威望，频繁地狩猎令军士疲乏，这些本非君主的当务之急，所以敝人感觉困惑不能理解。"

　　西汉之后，在东汉最鼎盛的时期里，班固带来了汉赋的第二个高峰。他的赋作有《幽通赋》《答宾戏》《两都赋》等，《两都赋》成就最高。

　　《两都赋》仍然模仿司马相如，但是班固将描写的对象扩展到了整个的帝国都城，这使得《两都赋》比司马相如、杨雄的赋作拥有更加宏大的场面。有学者做过统计，司马相如《天子游猎赋》约 3500 字，杨雄《长杨赋》约 1100 字，《两都赋》字数达到了 4700 多。而且，班固有他自己的优势，他是历史学家，有渊博的历史知识，他可以运用大量历史地理材料去描写长安、洛阳的雄伟景象，这又使得《两都赋》比司马相如、扬雄等人的赋作具有更现实的内容。例如《两都赋》写西京长安：

　　"汉之西都，在于雍州，实曰长安。左据函谷、二崤之阻，表以太华、终南之山。右界褒斜、陇首之险，带以洪河、泾、渭之川。华实之毛，则九州之上腴焉；防御之阻，则天下之奥区焉。是故横被六合，三成帝畿，周以龙兴，秦以虎视。及至大汉受命而都之也，……"翻译为："汉的西都，在于雍州，称作长安。东据函谷、二崤天险，南有华山、终南山为障。西临褒斜、陇首之险，又有黄河、泾、渭之川。至于种植之利，则为九州最丰腴之地；至于防御之利，则为天下腹地。因此能够统一天下，三次成为京畿，周王朝如龙兴起在此，秦王朝如虎吞并六国。到了大汉仍然受天之命而定都于此，……"

这是第一篇京都题材的大赋，它引发了后世两篇著名的京都大赋，一是东汉自然科学、人文领域的伟人张衡的《二京赋》，一是西晋武帝太康年间最有成就的文学家左思的《三京赋》。范晔在《后汉书·张衡传》写道："时天下太平日久，自王侯以下，莫不奢侈过度。张衡于是模拟班固《两都赋》而作《二京赋》，用以讽谏。他精心构思润色，用了十年的时间才完成。"左思少年时代博览文史，产生写魏、蜀、吴历史的雄心，于是去向著作郎张载学习讨教蜀国历史，也用十年的时间构思完成《三京赋》。

张衡虽然模仿班固《两都赋》的结构，但他努力超越班固，《二京赋》比《两都赋》篇幅更宏大，辞藻更华美，内容也更丰富，想象力和情感在其中驰骋激荡。东汉末年的轻狂才子祢衡评价张衡说："当他下笔，辞如锦绣，当他扬手，文采跟着飞起来。"同样，当左思写成《三京赋》，也引起了轰动。当时的大学问家西晋司空张华惊赞说："班固、张衡不过如此。令人读来回味无穷，久而更新。"于是豪贵之家竞相传写，洛阳为之纸贵。

左思之后，如此令人激动的赋作不再有了。因此有学者说，是班固引发了汉大赋的最后兴盛。

我们也许不应该省去班固家族的其他成员，除了班固，这一家族还拥有班婕妤、班彪、班昭三位优秀赋作家，他们为汉代文学创造的美感一点不亚于班固。

班婕妤，一个自尊的美丽、寂寞忧伤的女子，她的赋正如她的人。现在我们只能读到《自伤赋》、《捣素赋》。《自伤赋》的写作时间应该在赵飞燕姐妹迷惑了汉成帝之后，班婕妤躲到长信宫去寻求太后的保护，虽然被遗弃，却深深地把悲哀掩藏在感恩戴德之中。《自伤赋》写道：

"白日忽已移光兮，遂晻莫而昧幽。犹被覆载之厚德兮，不废捐于罪邮。奉共养于东宫兮，讬长信之末流。共洒扫于帷幄兮，永终死以为期。愿归骨于山足兮，依松柏之余休。"

翻译为："太阳的光芒忽然转移了方向，像是黄昏来临了一样幽暗。主上恩德如天地覆盖，不抛弃我这有罪之身。愿日日在东宫侍奉着，置身在长信宫女之末。与她们一起洒扫宫殿寝室，直到生命终期来临。希望埋骨在山脚，依傍在松柏的树荫之下。"

《捣素赋》写宫女们锤炼生绢的劳作场面，一样地把寂寞写在灿烂的容颜和欢乐的劳作里，里面写道：

"若乃盼睐生姿，动容多制，弱态含羞，妖风靡丽。皎若明魄之生崖，焕若荷华之昭晰。……于是投香杵，扣玫砧，择鸾声，争凤音。……若乃窈窕姝妙之年，幽闲贞专之性，符皎日之心，甘首疾之病，歌采绿之章，发东山之咏。望明月而抚心，对秋风而掩镜。"

翻译为："至于她们顾盼的姿容，仪态万千，柔和含羞，风韵妖娆。皎美如明月升上山崖，鲜艳如盛开的莲花。……于是姑娘们挥舞起香杵，锤敲着玫砧，恰似鸾鸟和鸣，赛过凤凰的歌唱……至于宫女们如花似玉的年华，典雅坚贞的品性，一颗赤诚之心，甘愿自己生病为夫君减轻痛苦。天天唱着思夫的《采绿》篇章，吟诵着回归家园的《东山》之情。如今只能仰望明月，扣着忧郁的心胸，在秋风里掩镜叹息。"

班婕妤的侄子班彪有《北征赋》《悼离骚》《览海赋》《冀

州赋》，现在我们能完整读到《北征赋》。当班婕妤在西汉的衰乱里寂寞地离去，约二十年后的公元 25 年，她的侄子班彪遭遇战乱，离开曾经繁华的家园，从长安北上避难，他将一路的艰辛苦闷写成为《北征赋》，语言沉重而典雅，生出一种悲壮的美感。摘引两个片段：

"余遭世之颠覆兮，罹填塞之陑灾。旧室灭以丘墟兮，曾不得乎少留。遂奋袂以北征兮，超绝迹而远游。……游子悲其故乡，心怆恨以伤怀。抚长剑而慨息，泣涟落而沾衣。揽余涕以于邑兮，哀生民之多故。夫何阴曀之不阳兮，嗟久失其平度。谅时运之所为兮，永伊郁其谁愬。"

翻译为："遭遇这动荡的时代啊，就像被困在这荒凉的路上。家园已毁为废墟，无法再有片刻停留。于是挥袖北上，漂泊到这人迹稀少的遥远地方。……游子哀思故乡，心惆怅而悲伤。抚长剑而叹息，泪水涟涟沾湿衣裳。擦去泪水不禁呜咽，哀民生多灾难。天为什么总是阴沉不晴啊，如此久地失去正常。料想时势如此啊，深深幽怨向谁倾诉。"

如果注意到汉赋的题材，班彪的《北征赋》是第一篇写旅行的，有学者说班彪从题材上开拓了汉赋的领域。

班彪《北征赋》之后第二篇著名的旅行赋作，作者正是他的女儿班昭。东汉安帝永初七年（113），班昭随儿子曹成从洛阳前往陈留郡赴任，她既写离乡的忧郁和长途跋涉的苦楚，也写沿途的历史和现实，写实而又高雅，这应该是《东征赋》为人喜爱的原因。里面写道：

"惟永初之有七兮，余随子乎东征。时孟春之吉日兮，撰良辰而将行。乃举趾而升舆兮，夕予宿乎偃师。遂去故而就新兮，志怆恨而怀悲！"

"历七邑而观览兮，遭巩县之多艰。望河洛之交流兮，看成皋之旋门。既免脱于峻崄兮，历荥阳而过卷。食原武之息足，宿阳武之桑间。涉封丘而践路兮，慕京师而窃叹！小人性之怀土兮，自书传而有焉。"

"遂进道而少前兮，得平丘之北边。入匡郭而追远兮，念夫子之厄勤。彼衰乱之无道兮，乃困畏乎圣人。怅容与而久驻兮，忘日夕而将昏。"

翻译为：

"在汉安帝永初七年的这一年，我随赴任的儿子从京师东往陈留。时值孟春的好时节，挑选了良辰吉日启程。早晨登车上路，傍晚时分停在偃师夜宿。离别了故居去那陌生的地方，心惆怅而感伤。"

"一路上经历了七个城邑，又遭遇了巩县的道路艰险。眺望黄河与洛水交汇的景象，目睹了成皋县壮观的旋门关。翻越了一座座险峻山冈，经过了荥阳和卷城。在原武县歇脚用过午餐，当晚露宿在阳武县的桑林间。渡过封丘的河水继续赶路，眷恋着京师暗自感叹。常人难免思念故土啊，古书里都有记载。"

"沿路前行不久，就来到了平丘县的城北。进入匡之郊而缅怀往事，想着当年孔夫子遭受的厄运。那个衰乱的世道多么无礼啊，竟然围困恐吓我们的圣人。惆怅地久久站在那里，忘记了夕阳西下黄昏降临。"

2. 《咏史》与五言诗

美丽的中国古代诗歌从二言到九言都有，只是五言、七言最著名而已。

二言的诗歌例如《弹歌》："断竹，续竹，飞土，逐肉。"学者们，如《文心雕龙》的作者刘勰认为这是黄帝时代的诗歌，描绘驰骋狩猎的场景。当东汉人赵晔写《吴越春秋》记载春秋时期吴、越两国历史，这首诗歌被他记载下来。原来，越王勾践在卧薪尝胆的那些日子里，到处寻找奇才异士帮他报复吴王夫差，范蠡推荐了来自楚国的善射者陈音。勾践询问他射箭的道理，陈音说："射箭起于弹弓，而弹弓起源于远古的孝子。当他的父母去世，孝子不让禽兽侵害，就创造了弹弓看守着。"随即，陈音唱起了这首质朴的狩猎诗《弹歌》。

又如大禹的妻子涂山氏思念丈夫的歌："候人兮猗！"——"我一直在等那个人哪！"这也是二言，"兮猗"是语助词。有学者说这是最早的思夫诗。大禹治水三过家门而不入，涂山氏让她的侍女守望在门口，就对他唱起了这首歌。虽然只有一句留存下来，表达那缠绵的思念已经足够了。

三言诗也很早就有了。例如《诗经·邶风》的"简兮"写道："山有榛，隰有苓。云谁之思，西方美人！"意思是："榛树长在高山上，甘草生在洼地里。要问我心里爱着谁，西方来的美英雄。"

在记载战国时期道家人物列御寇的著作《列子》里也有三言诗："心诚怜，白发玄。情不怡，艳色媸。"说的是，男女赤诚相爱怜，就能白头偕老。如果感情不和，姿色美丽也觉得丑陋。

从西周到春秋，最流行的诗体是四言诗，四言诗的集大成著作当为《诗经》。《诗经》中三、五、七言的诗句都有，但主体却是四言，其中有许多脍炙人口的诗句。例如《国风·周南》"关雎"："关关雎鸠，在河之洲。窈窕淑女，君子好逑。""雎鸠关关相对唱，双栖河中小岛上。文静秀丽好姑娘，真是男儿的好对象。"

四言诗从春秋以后逐渐衰落，但诗作和佳作仍然有，例如曹操写《步出夏门行·龟虽寿》："神龟虽寿，犹有竟时。腾蛇乘雾，终为土灰。老骥伏枥，志在千里。烈士暮年，壮心不已。盈缩之期，不但在天。养怡之福，可得永年。幸甚至哉！歌以咏志。""神龟虽然长寿，终有生命结束的时候。腾蛇能乘雾飞行，也终究要化成土灰。老马伏在马槽之上，仍有壮志一日千里。抱负远大的人到了晚年，也不会雄心停息。人的寿命长短，不只是上天决定。只要调养身心，就可以益寿延年。真是幸运啊！用歌唱来表达志向。"

五言诗起源也很早，《诗经》有五言的诗句，例如《国风·召南》"行露"："谁谓雀无角，何以穿我屋？""谁说雀儿不长角，靠什么穿透我的屋？"

那首秦始皇时的著名民歌《长城谣》也有五言的诗句："生男慎勿举，生女哺用脯。君独不见长城下，死人骸骨相撑拄！"意思是：将来如果你生了男孩，千万不要去养育他。如果生下女孩，就用肉干抚养她吧！你难道没看见长城的下面，死人尸骨重重叠叠，堆在一块了吗！

从西汉到东汉末年，五言诗发展成为独立成熟的诗体。在两汉朝廷派出乐官从民间采集来的乐府诗里，有不少五言佳作，如《江南》："江南可采莲，莲叶何田田！鱼戏莲叶间。鱼戏莲叶东，鱼戏莲叶西，鱼戏莲叶南，鱼戏莲叶北。"再如《孔雀东南飞》，开头两句是大家熟悉的："孔雀东南飞，五里一徘徊。"

在诗歌最昌盛的唐代，五言佳作琳琅满目。例如孟浩然《春晓》："春眠不觉晓，处处闻啼鸟，夜来风雨声，花落知多少。"再如李白《秋浦歌》："白发三千丈，缘愁似个长，不知明镜里，何处得秋霜。"

六言诗句已见于《诗经》，如那首著名的《国风·魏风》"伐檀"："坎坎伐檀兮，置之河之干兮，河水清且涟猗。"以后历代诗人都尝试过六言诗，似乎还是唐代诗人写得最美，如王维《田园乐》："桃红复含宿雨，柳线更带朝烟。花落家童未扫，鸟啼山客犹眠。"王维《辋川六言》："采菱渡头风急，策杖林西日斜。杏树坛边渔父，桃花源里人家。"又如刘禹锡《寻张逸人山居》："危石才通鸟道，空山更有人家。桃源定在深处，涧水浮来落花。"

七言诗句也见于《诗经》，一直到两汉魏晋之际七言诗作并不多见。魏文帝曹丕《燕歌行》是保存下来的较早的文人作七言诗，写道："秋风萧瑟天气凉，草木摇落露为霜。群燕辞归雁南翔，念君客游思断肠。……"意境和情感不逊色唐代七言诗作。

经过南北朝隋朝的发展，到唐代七言诗达到鼎盛。如五言唐诗一样，唐代人的七言佳作琳琅满目。例如李白《早发白帝城》："朝辞白帝彩云间，千里江陵一日还，两岸猿声啼不住，轻舟已过万重山。"李白《望庐山瀑布》："日照香炉生紫烟，遥看瀑布挂前川。飞流直下三千尺，疑是银河落九天。"白居易《大林寺桃花》："人间四月芳菲尽，山寺桃花始盛开。常恨春归无觅处，不知转入此中来。"王昌龄《芙蓉楼送辛渐》："寒雨连江夜入吴，平明送客楚山孤。洛阳亲友如相问，一片冰心在玉壶。"张继《枫桥夜泊》："月落乌啼霜满天，江枫渔火对愁眠。姑苏城外寒山寺，夜半钟声到客船。"不胜枚举。

八言、九言诗作都很少。八言诗如唐代卢群《淮西席上醉歌》："祥瑞不在凤凰麒麟，太平须得边将忠臣。……但得百僚师长肝胆，不用三军罗绮金银。"九言诗如元朝天目山僧人明本的《梅花诗》："昨夜东风吹折中林梢，渡口小艇滚入沙滩坳。野村古梅独卧寒屋角，疏影横斜暗上书窗敲。半枯半活几个恢蓓蕾，欲开未开数点含香苞。纵使画工擅画也缩手，我爱清香故把新诗嘲。"字数虽多，反而失去了灵气。

　　由以上的追溯可以看出，在中国古代诗歌的黄金时代，诗歌的主体是五、七言。四言诗在先秦兴盛过之后就沉寂了，五言、七言诗成后世诗歌的主流。这不是偶然的，学者从汉语语法和音韵两方面探求原因。汉语主要语法成分是主谓宾，四言还不能满足这一要求，五言、七言却能用最少的字数满足，而又不显累赘，同时，五、七言诗节奏活泼而起伏有情趣。于是，最富有表现力的五、七言诗造就了中国古代诗歌的黄金时代。

　　五言、七言为中国古代诗歌的主体，但从诗作总量看，仍以五言诗为最多。一个有趣的现象是，正如《诗经》"风"160篇大部分来自民歌，五言诗歌最初也是民间传唱的歌谣。当西汉武帝时期恢复乐府采诗的传统，民间歌谣成为乐府诗的一个来源。研究者说，当民间已经传唱着五言的歌谣，文人们才有意识地开始创作五言诗歌。班固的《咏史》，被认为是最早的文人创作五言诗。

　　班固《咏史》诗的素材为著名的"缇萦救父"。《史记·扁鹊仓公列传》记载道：临淄人淳于意为齐国太仓长，也是著名的医生。他得到了同郡名医阳庆的全部医方，还有黄帝、扁鹊的脉书，医术非常精湛。西汉文帝四年（前176），有人上书告发了他，当地官吏判处他肉刑。就要被押解到长安受刑，五个女儿围着他哭泣，淳于意生气地骂："生女不如男，有急难了没人帮忙。"于是最小的女儿缇萦决意陪伴父亲到长安。到了长安，缇萦上了一封奏书，上面写道："我父亲给国家当差，齐国人都说他廉洁公平。现在他犯法获罪，按律当处肉刑。我很痛心，人死不能复生，被砍去的肢体再也接不上，以后就是想改过自新，也没有办法了。我愿意没入官府作奴婢，来替父亲赎罪，让他有个改过自新的机会。"汉文帝十分同情这个小姑娘，决定释放淳于意。也在这一年，汉文帝下令废除了肉刑。

班固歌咏道："三王德弥薄，惟后用肉刑。太苍令有罪。就递长安城。自恨身无子，困急独茕茕。小女痛父言，死者不可生。上书诣阙下，思古歌鸡鸣。忧心摧折裂，晨风扬激声。圣汉孝文帝，恻然感至情。百男何愦愦，不如一缇萦。"

有学者说，班固写这首《咏史》诗的时间当在他第二次入狱之后。他的不肖之子得罪了洛阳令种兢，连累他被报复，而那些不肖子却无力相救。诗最后一句"百男何愦愦，不如一缇萦"，实在是有感而发。

这首《咏史》诗是现在所知第一首完整的文人五言诗，是有意识的创作，因而成为成熟的五言诗体的源头。这是班固《咏史》在中国文学史上的第一个意义。

看古诗发展的进程，五言体是七言体的基础。从此意义上说，班固《咏史》诗开启了繁荣的五、七言诗歌时代。

第三点意义是，班固开启了咏史诗。咏史诗为古代诗歌的重要类型。南北朝时期南朝梁的文学批评家钟嵘认为这首《咏史》"质木无文"，没有文采。不过，当代著名学者萧涤非先生却说，所谓'质木无文',正是咏史诗适宜的。与抒情诗不同,咏史诗歌咏历史事件或历史人物,要简练地将历史事实描绘出来,所以需要朴实。

的确,班固决非质木之人,而是文采洋溢,否则他就不会在华丽的赋坛上留下足迹。同样,他的《汉书》也可称为传记文学。

3. 传记文学

传记文学为当代流行的一种文学形式,是专门描写人物生平经历的文学作品。与以虚构为主的小说不同,传记文学描写的对象是真实的人物。与报告文学相比,传记文学需要完整地展现人物的生平,而报告文学则可以选择人物最突出的方面来写。同时,传记文学具有文学的一般特征,它需要使用生动的语言,动人的情节,鲜明地展示人物形象,要具有艺术感染力。

中国的传记文学可追溯到远古的传说时代。在没有文字的时代里,人们用口口相传的方式记忆历史人物和历史事件,如夸父追日、黄帝战蚩尤、共公怒触不周山、大禹治洪水等等。当文字产生,这些相传了多少代的神话传说被记录下来,这可视为传记文学的源头。

先秦时期的作者就十分重视他们作品的艺术感染力,努力生动地展示事件的情节,突出地揭示人物的个性特征,这使许多先秦著作散发着独特的艺术魅力,引人入胜。例如《晏子春秋》,这部战国人记录春秋时期齐国政治家晏婴的著作里不乏艺术篇章,"晏子使楚"是大家熟悉的,又如"晏子之御",即晏子的车夫,写道:"晏子为齐相。一天外出,车夫的妻子从门缝偷偷地看,只见自己的丈夫坐在车上的大伞之下,挥鞭催马,趾高气扬,十分得意。等车夫回家，他的妻子就请求离婚。车夫莫名其妙，连忙问这是为什么。妻子说："晏子身长不满六尺，身为齐国宰相，名扬天下。今天我看他外出，虽然胸怀着深谋远虑，却显得十分谦虚。而你身高八尺，只不过是人家的车夫，就一副志得意满的样子。就因为这个，我请求让我离开吧。'从此以后，车夫变得谦虚了。晏子觉得奇怪，车夫对他讲了妻子的那些话，晏子于是推荐他做了大夫。"

当司马迁在他所创立的"本纪"、"世家"和"列传"里记载历史人物，文笔豪迈、洒脱而饱含激情，那些曾经存在过的人物以及他们曾经的人生，再次栩栩如生地活跃在他的笔下之时，成熟形态的传记文学诞生了。随后，班固的《汉书》是第二部精彩的文学传记，也有学者称《汉书》为散文，这正是文学的语言形式。

从古到今，学者热衷于比较司马迁与班固的文风，宋代文学家杨万里有一个很好的比方，他说："李太白的诗，是仙翁剑客之语，杜少陵的诗，则是骚人雅士之词。若以文章比较，太白为《史记》，少陵则为《汉书》。"

这是说，李白诗飘逸纵放，似仙翁剑客，杜甫诗细致规整。但是杜甫也有豪迈之作，例如《望岳》："会当凌绝顶，一览众山小。"《兵车行》："车辚辚、马萧萧……尘埃不见咸阳桥。"《春望》："国破山河在，城春草木深……烽火连三月，家书抵万金。"只是他更注重叙事细致整齐而已。

与杜甫一样，班固并非没有豪情，否则他写不出《两都赋》的气势，只是与《史记》相比，《汉书》的确更注重规整严谨。当我们读《汉书》，那里有许多形象和场景被细致地描绘出来，令人忍俊不禁或者深思，但也有许多浓情的表述，令人读来荡气回肠，或者悲恸得想大哭一场。

如《陈万年传》，写沛郡相县（今安徽淮北市）人陈万年、陈咸父子。这两父子为宣、元两帝时期人，两人性情很不同，父亲小心谨慎，会处理关系，儿子却正相反。班固写道：

万年清廉公平，很有修养，但很会讨好人，他送礼给外戚许氏和史氏，送到自己倾家荡产。尤其对乐陵侯史高，侍奉的滴水不漏。

丞相丙吉有一次生病，二千石以上的官员们都去看望。丙吉让家臣出来接待、致谢，谢完后，大家都离开了，只有陈万年不走，留到黑夜才回家。等丙吉病到厉害，汉宣帝去看他，询问大臣们哪些可以委任。丙吉推荐于定国、杜延年，还有陈万年。后来陈万年做了御史大夫。

陈咸才干卓异，正直，敢与上司论理，屡次上书批评时事，又讥讽皇帝的近臣。一次，陈万年生病卧床，有些话要说给儿子听，陈咸跪在床边聆听，他的父亲谆谆教诲，半夜了都没有说完，陈咸困得睡着了，头一歪碰着了屏风。万年大怒，跳下床，拿了木杖要揍他，说："你老子苦口婆心教你，你竟然睡大觉，不听我说话，为什么？"陈咸连连叩头求饶，说："您说的我都明白，要紧的就是教我谄媚人嘛。"

如《酷吏传》里写东海下邳（今江苏省邳县）人严延年的母亲。严延年做官可谓刚硬之极。他做河南太守时，怜悯那些贫弱的人，这样的人犯法了，他想办法赦免。若是豪强欺负小百姓，必定治罪。在河南郡豪强屏息不敢声张，野无盗贼，邻近的郡县也被他震慑。但还是用法过于严酷了。曾经在冬季，他将属县囚犯传到郡府，审定死罪后立即就执行，一时间血流数里。

一个腊日前夕，他的母亲从东海来到河南郡，想与延年一起过节祭祀，一到洛阳就碰上处决囚犯。班固写道：

延年的母亲大惊，就停在都亭，再也不肯前往太守府。延年出城到都亭拜见，她紧闭房门不见。延年跪在门前，摘了帽子叩头不止，好久，母亲才肯见他，哀怒地责备他，说："你幸得做这郡守，治理千里的地方，听不到你有仁爱教化去保佑人民，反而看到你假借法律杀那么多人来立威，这岂是做父母官的道理！"延年认错，使劲叩头求母亲息怒，亲自为母亲驾车回到郡府。

祭祀礼毕，母亲对延年说："天道神明，多杀人的，自己也会遭报应。我从没想到，自己活到老了，却要看着儿子被刑戮！我回去啦！回去清扫墓地等着吧。"她回到东海郡，见着严家的兄弟族人们，告诉他们严延年的事。过了一年多，有一个郡丞年老多疑，一向惧怕延年，其实两人曾经同为丞相史，严延年对他很好，送给他好多东西，这使老郡丞更害怕，就先告了严延年一状，延年最终被判弃市，处死在闹市。

又如《元后传》。自从汉元帝去世，他的皇后王政君从三十八岁起，在四十多年里依靠他的兄弟、侄子们维持着汉朝的天下。到了晚年，她无力控制王莽了。班固写道：

平帝驾崩，无子，王莽从宣帝的玄孙里选了最少的刘婴，才两虚岁，说这孩子面相最吉。王莽令百官奏请太后，请立刘婴为孺子，令宰相安汉公王莽居摄，如周公辅成王故事。太后不同意，却力不能禁。于是王莽称为摄皇帝，改了年号，代表孺子发号施令。稍后，宗室安众侯刘崇、东郡太守翟义等起兵欲诛王莽。太后听说了，说："人心不相远啊。我虽为妇人，也知道王莽必定自危，不可做这样的事啊。"之后，王莽说符命难违，自立为真皇帝，先拿着那些符瑞通知太后，太后大惊。

当初，汉高祖进击咸阳，才到达灞上，秦王子婴降于轵道亭，奉上秦始皇的玉玺。当高祖即天子位，就佩戴着这枚玉玺，从此这枚玉玺世世相传，被称为"汉传国玺"。因为孺子还未正式即位，玉玺藏在太后的长乐宫。当王莽即位，索要传国玺，太后不肯给他。王莽命安阳侯王舜去劝说。王舜一向谨慎，太后很喜欢他信赖他。王舜来到，太后知道是为玉玺而来，怒骂道："你家父子宗族蒙汉家恩惠，累世富贵，没有报答，接受了人家托孤，乘机夺取人家的天下，不复顾及恩义。人变得这样恶贱，猪狗都不理睬他，天底下岂有你们兄弟这样的人！况且，如果自以为上天有命做了新朝皇帝，就应当自己去造一枚新玺，传之万世，这不祥的亡国玺还有什么用，非要去不可？我汉家老寡妇，早晚就死了，要与这玺葬在一起，你怎么也拿不着！"太后边哭边说，旁边人都哭了。王舜也难过得不能自已，跪在那里出不了声。过了好久，还是仰头望着太后说："臣等没办法劝他了，王莽一定要传国玺，太后难道真能不给他吗？"太后听王舜说得实在，心怕王莽威胁她，就拿出传国玺，使劲摔在地上，说："我老了，快死了，你们兄弟，要被灭族的！"

十二、《汉书》的文学传记

1. 朱买臣传

朱买臣字翁子，为吴人（今浙江嘉兴人），家贫却喜好读书，不经营什么产业，常去山上割草打柴卖钱，就这样换取衣食。经常有这样的情景：他肩挑着柴草，一边走着一边大声背书，他的妻子也背着柴草走在后面，觉得好丢人，不让他在路上那样又吟又唱的。她越呵斥，朱买臣越是卖力地吟唱。妻子终于受不了这样羞耻的日子，请求离开。朱买臣乐呵呵地笑着说："我年五十当富贵，如今已四十多了，你跟着我吃了这么多年苦，等我富贵了，一定报答你。"妻子恨恨地说，像你这样的人，迟早饿死在沟里，凭什么富贵？"买臣留不住了，就让她离开。他自己还是砍柴为生。又一次，朱买臣独自一人，背着一捆柴高声唱着走在墓地间，他的前妻和新夫上坟碰见了，看见他又冷又饿，就叫上他给他饭吃。

又过了几年，会稽郡的计吏进京汇报会稽郡一年来的租赋、刑狱□选举等情况，朱买臣出力役，充当上计吏的卒，护着辎重车到了长安。他来到皇宫，递上了一份意见书，（这其实是毛遂自荐，希望朝廷发现自己的才能，）但是好久没有回音。他在专门招待上书之人的公车署里等着，直等得吃的用的都没了，其他上计吏卒们不断地接济他。幸好，他的同乡严助当时正是皇帝的红人，就推荐了他。当汉武帝召见他时，朱买臣评说《春秋》，吟诵《楚辞》，滔滔不绝，武帝是喜欢有文才的人，朱买臣很令他愉快，于是被任命为中大夫，一个专管议论的官，与严助两人都为侍中，经常侍从皇帝身旁。

当时为武帝元朔三年（前126），汉军夺回了河朔草原，正在建筑朔方城，御史大夫公孙弘认为这是劳民伤财。汉武帝令朱买臣与他辩论，两人交锋的场面记录在《公孙弘传》。后来，朱买臣不知因为什么事丢了官。过了好久，皇帝想起他来，令他等待任命。

那时，东越王（生活在今福建省的）连连反叛，朱买臣给皇帝出主意说，"以前的东越王住在泉山，离海只有十几里，一人守险，万夫不能上。现在东越王向南迁徙了五百里，住在大沼泽里，今若发兵，从海上直指泉山，席卷南向进攻，定能消灭他。"

汉武帝立即任命朱买臣为会稽太守。对朱买臣说："富贵不回故乡，就像穿着锦绣衣服夜行，现在你可是得意了吧?"朱买臣叩头谢恩。

当初，当朱买臣丢了太中大夫官等着重新任命的时候，他衣食无着，只好混在会稽郡设在京城的邸舍，跟着守邸舍的人混饭吃。当他已经拜为会稽郡太守，仍然穿着旧衣服，怀揣着太守的官印，步行回到邸舍。当时正是上计的时节，会稽的上计吏们凑在一起喝酒，朱买臣进来，他们看也不看一眼。

朱买臣去和守邸人吃饭，快吃饱的时候，故意让他怀里的官印绶带稍稍露出一点，看守看见了，很好奇，上前去拉，一下拉出了一枚印章，定睛一瞧，原来是会稽太守印。看守大吃一惊，跑出去告诉会稽的上计吏们。那伙人已喝醉了，大叫道："胡说什么呀！"看守焦急了，说："去看看嘛。"

有一位从来都瞧不上朱买臣的旧相识进去看了，惊得跟踉跄跄跑出来，大声叫道："的确如此！"众人吓呆了，赶紧去告诉会稽郡丞，大家推推攘攘地排列好了，站在院子里拜谒他们的长官。朱买臣摆着官架子，徐徐走出来。

一会儿，长安厩吏赶着四匹马拉的大车来迎接会稽太守上任，朱买臣一路乘驿站车马回乡而去。

在会稽郡，郡府官僚们早听说新太守要到，征发百姓去清理道路，好让太守顺利通行。所经属县，县吏们都去迎接和欢送太守，迎接他的常有一百多辆车。

在吴县，朱买臣的前妻夫妻也被征发了来整理道路。朱买臣一进入吴县地界，就看见他的前妻在路上干活，当下停车，让后面的车载上那两夫妻，一起到了太守府上，把他们安置在园中，好饭食款待着。过了一个月，那前妻受不住羞愧，上吊自尽了。朱买臣给那位丈夫钱，令他埋葬了她。

那些从前曾经给他饮食、帮助过他的人，朱买臣都召集来报答他们。

过了一年多，朱买臣受诏率兵，与横海将军韩说等击破东越。朱买臣立了军功，到京城做了主爵都尉，掌管列侯和官爵，为品秩二千石的九卿之一。

但是位高不安。过了几年，不知为什么又触犯法律，把官丢了。等到再有机会做官，做了品秩一千石的丞相长史。

可是，有一个人像肉中刺一样让他痛恨，就是著名的酷吏张汤。原来，在朱买臣与严助都为侍中、得到汉武帝信任的时候，张汤只是一个小吏，为买臣等人跑腿。但张汤有做法官的才能，后来做了廷尉，是西汉王朝掌管刑狱的最高司法官。在廷尉任上，他负责审理淮南王刘安的案子，借着机会把严助清除了，这让朱买臣恨恨不已。

在朱买臣做丞相长史的时候，张汤有时去处理丞相府的事务，张汤知道朱买臣一向贵重，故意欺侮折磨他。每当朱买臣见张汤的时候，张汤坐着理也不理睬他，一点礼节也不讲。就这样，朱买臣深恨张汤，总想着把他置于死地而后快。后来，终于找到了张汤不规矩的事情，把他告发，张汤自杀了。但是，其实汉武帝很看重张汤，不想他死，所以朱买臣也被皇帝怨恨上了，被杀。

2. 苏武传

苏武字子卿，为京兆杜陵人（故城在今西安城东南二十里少陵原上）。因为父亲为二千石官，苏武三兄弟在少年时代就做了皇帝的侍从官。苏武逐渐升到栘中厩监，是掌管鞍马鹰犬的官。那时汉朝连连征伐匈奴，双方频繁地互派使者窥探对方情报。匈奴扣留汉朝的使者，先后派出的郭吉、路充国等十多批人都被扣押了。而匈奴派到汉朝的使者，汉朝也扣留相同的人数相报复。

汉武帝天汉元年（前100），且鞮侯单于初立，害怕汉朝袭击，就说："汉天子是我的长辈啊。"把路充国等人都放了。汉武帝很高兴单于如此讲义气，也放了匈奴的使者，任命苏武为中郎将、使持节，持旄节护送他们归国，还送了丰厚的礼物给单于，回报他的好意。

苏武为大使，副使副中郎将张胜，临时任命的属吏常惠等，以及招募来的士卒、侦察人员一百多人一同前往。到达匈奴后，将汉武帝赠送的礼物呈给单于。可是单于变得倨傲，不像汉朝原来期望的那么友好。

正当匈奴打算送苏武一行人返程的时候，恰逢缑王与原长水校尉虞常等密谋反叛。缑王是匈奴昆邪王姐姐的儿子，本来与昆邪王一起投降了汉朝，后来随汉朝浞野侯赵破奴击匈奴，被战败，又归降了匈奴，就与先前随卫律一起被迫投降匈奴的人谋反，密谋劫持单于的母亲阏氏（yan zhi）归附汉朝。

刚好苏武使团来到匈奴，虞常以前在汉朝时就是副使张胜的好朋友，他悄悄地拜访张胜，对他说："听说汉朝皇帝非常痛恨卫律，我可以为汉朝埋伏弩弓射死他。我母亲和弟弟都在汉朝，希望能得到朝廷的赏赐。"张胜答应了他，还送给他财物。

一个多月后，单于打猎去了，家里只剩下阏氏和单于的子弟。虞常等七十多人准备行动，可他们当中有一个人趁夜色跑出去告发了这件事，单于的子弟马上发兵进攻，缑王等人都被杀，而虞常被活捉。

单于让卫律处理这一场叛乱。张胜听说了这件事很不安，担心以前与虞常说的那些话被揭发，这才把事情经过告诉了苏武。苏武说："事情到了这个地步，一定会牵连到我。若受到匈奴侮辱然后才死，更对不起国家。"说着就要自杀，张胜、常惠一起上前拦住了他。

虞常果然供出了张胜。单于很生气，召集贵族们商议，要杀了汉朝使者。左伊秩訾不同意，说："他们只是谋杀卫律，若谋杀卫律就处死的话，假使他们谋杀单于，还有什么更重的处罚可用呢？应该让他们全都投降。"

单于令卫律召苏武来受审。苏武对常惠等人说："若被匈奴审问，就是屈节辜负使命，即使活着，还有什么面目回到汉朝？"拔出佩刀自刺，卫律吃了一惊，急忙抱住苏武，派人飞马去找医生。医生让在地上挖一个坑，里面放着无焰的火，把苏武面朝下放在火坑上面，叩他的背，让血流出来。苏武本来已经气绝了，半天才能呼吸。见他醒来，常惠等都哭了，把他抬回营帐。单于钦佩苏武的气节，早晚派人来问候，而张胜被逮捕监禁起来。

等到苏武身体好转，单于又遣使来劝说他投降。那位谋划叛乱的虞常就要被处治，单于想趁机降服苏武。

在现场，当虞常被剑斩首，卫律说："汉使张胜谋杀单于的近臣，当死。但是单于说了，投降者免罪。"于是举剑要劈，张胜瞬即请求投降。

卫律又对苏武说："副使有罪，大使应当连带治罪。"苏武说："我本没有参与谋叛，又不是亲属，株连之罪从何说起？"卫律再次剑逼苏武，苏武神色不动。卫律说："苏君，我卫律背叛汉朝投奔匈奴，幸蒙单于大恩，赐我爵号为王，现在我拥众数万，马畜漫山遍野，富贵如此！苏君今天降，明日也会这般。否则，空自丧身荒野，给野草当肥料，谁又知道呢？"苏武不为所动。卫律又说："你若听我的，我与你结为兄弟，今若是不听我的话，以后即使想再见我，还想得到吗？"苏武忍不住愤怒了，大骂道："你本是汉朝的臣子，不顾恩德，背叛皇上，抛弃亲人，在蛮夷作降虏，我见你做什么？况且，单于信任你，让你来决定人的生死，你不公平处理，反而想使汉朝、匈奴两主相斗，自己幸灾乐祸。你要知道，先前南越杀了汉朝使者，南越就被屠灭了，现在变成了汉朝的九个郡；大宛王杀汉朝使者，他自己就被头悬宫殿北门；朝鲜杀汉使者，即时被灭。现在，唯独匈奴还没有杀汉使而已。你很明白我不会投降，只是想令两国相攻，那你就杀了我吧，那么匈奴的灾难就从我苏武开始了。"

　　卫律知道苏武终究不可威胁，回去对单于讲了这一番经过。单于听了，却更想将他降服，于是将苏武关进大地窖之中，不给他吃也不给他喝。天下起了大雪，苏武虚弱地躺着，就着雪将毡毛一起吞咽下去，竟然数日不死，匈奴人惊奇地以为神异，于是更将他迁到遥远的北海之上，让他在那一片人迹罕见的地方牧羊，说，等公羊生了小羊才能回。他的随从常惠等人被分散了流放到各处。

　　苏武在北海之上，匈奴根本不派人来送粮食，他就去掘野鼠洞，找它们藏的草籽吃。每日挂着汉朝的旌节牧羊，日日夜夜地拿在手上，以致节上装饰的牦牛尾毛都脱落了。

　　就这样过了五六年，单于的弟弟於靬（wū Jiān）王来到北海狩猎。那时，苏武已经学会用生丝织成线，用来射猎，也很善于矫正弓弩，於靬王很喜欢他，给他衣食。又过了三年多，於靬王病得厉害，赐给苏武马匹和牲畜，盛酒喝奶的器具，还有帐篷等等。后来於靬王死了，他的人马也迁移走了。这年冬天，丁零人又偷走了他的牛羊，苏武再次陷于困境。

　　苏武出使匈奴的第二年，也就是天汉二年（前99），李陵投降了匈奴。当年，苏武与李陵同时做过皇帝的侍从。当李陵投降匈奴，他不敢寻访苏武。很久以后，大概有十来年，单于让李陵来到北海。

　　李陵为苏武设酒席，两人对酌，李陵对苏武说："单于听说我和你为好友，所以让我来劝你，单于诚心等你回去。想来你终究是不能回汉朝了，空自在这荒凉之地受苦，你的一片赤诚，有谁能知道？前些时候，你的大哥为奉车都尉，跟从皇帝到雍县棫阳宫，扶着皇帝的车子下台阶，车碰到柱子上，车辕折断了，被弹劾为'大不敬'，伏剑自刎了，皇上赐了二百万钱将他安葬。你的弟弟孺卿，跟从皇帝去河东祭祀后土，一个宦官和黄门驸马争船，驸马掉进河里淹死，宦官逃跑了。皇帝派孺卿追捕他，孺卿追不到他，惶恐得饮药而死。我来之前，你的母亲已不幸去世，我送葬到阳陵。你的妻子还年轻，听说已改嫁了。只剩下两个妹妹，和你的两女一子，现在又过去了十多年，不知是否还活在世上。人生如朝露一般短暂，你又何必这样折磨自己！我刚投降时，痛心对不起汉朝，再加上老母亲被拘押在官府，恍恍惚惚，都快发疯了，你不愿投降的心情，哪能超过我呀？再说皇帝现在年事已高，法令无常，大臣没有什么罪却被全家诛灭的有几十家，即便你回国了，也是安危难测，你又是为谁守节呢？听我的话吧，不要再说什么了。"苏武说："我们父子本没有什么功德，全靠皇帝看重，我的父亲位居列将，封爵为侯，我们兄弟三人都为皇帝的亲近侍从，愿意为朝廷肝脑涂地。现在能够杀身报效，死了也是心甘情愿。臣子侍奉君主，就像儿子侍奉父亲一样，子为父而死，无所怨恨，请不要再说了。"

李陵与苏武连饮数日，又说："请你听我的话！"苏武说："我早已是该死的人了！单于一定逼我投降，那么就请结束今天的欢聚，让我死在你面前！"李陵见他如此坚决，长叹道："唉，义士啊！我李陵和卫律的罪行大于天啊！"禁不住泪流沾襟，告别苏武而去。

李陵不好意思亲自送礼物给苏武，就让妻子去送给苏武几十只牛羊。等李陵再到北海，告诉苏武说："边境守卫官捕获云中生口，说太守以下吏民们都穿着白衣服，说皇上驾崩了。"苏武闻言，面对着南方放声大哭，哭到呕血。按照中国的礼仪，早、晚两次哭祭。

过了几个月，昭帝即位。又过了几年，匈奴与汉朝和亲。汉朝讨要苏武等人，匈奴谎说苏武已经死了。后来，当西汉使者又来到匈奴，常惠请求看守他的人同他一起去见汉使，他在夜里见到了汉使，讲了这些年的事情。常惠教使者说："您就说，汉天子在上林苑射猎时，射中一只雁，雁足上系有帛书一封，上面写着苏武等人在某大泽中。"使者大喜，去见单于，拿常惠教给他的那一番话责备他。单于环视左右，惊讶汉使何以晓得，并不知道是常惠透露出去，只好说："苏武等人确实还活着。"

于是李陵前去北海，置酒祝贺苏武，说："今足下归还，扬名于匈奴，功显于汉朝，虽然史书记载、丹青画了那么多人物，谁能比得过你子卿！我李陵虽然怯懦，假使汉朝暂且宽恕我，保全我的老母，我会忍辱负重，也许我能趁机擒得单于归啊，这正是我当初要做的事情。可是朝廷诛灭了我全家，这样的大戮，让我还有什么可牵挂？都过去了，不再说了！只是想让子卿知道我心而已。如今我已是异域之人，从此一别，就是永诀了！"

单于召集苏武的随行人员，除了已降和已死的，还有九人跟随苏武回国。昭帝始元六年（前81）春，苏武回到京师长安。昭帝命苏武奉太牢去祭拜武帝园陵，然后任命苏武为典属国都尉，掌管周边民族事务，品秩为中二千石，还赐给他钱二百万，公田二顷，宅第一所。常惠、徐圣、赵终根三人拜为中郎，赐帛二百匹。其余六人年事已高，回到老家，每人赐钱十万，终身免除赋役。常惠后来做到右将军，封为列侯，《汉书》有《常惠传》。

苏武从武帝天汉元年（前100）出使，昭帝始元六年（前81）春归朝，被扣留在匈奴共十九年。出使时还是壮年，待到回来时，须发都白了。

3. 李陵传

李陵是李广的孙子，是李广长子李当户的遗腹子。李广为陇西成纪县人（县在今甘肃省通渭东），他的祖先是秦朝的大将李信，就是率兵征伐燕国、俘获燕太子丹的那位。李家世代传授箭法。孝文帝十四年（前166），匈奴大举侵入上郡的萧关（在今宁夏固原县东南），李广以自带车马的平民子弟从军，因为善射，杀了不少匈奴人，军功卓著，被授予郎官，加官骑常侍，经常骑马侍从皇帝。每次从驾狩猎，李广格杀猛兽，比猛兽还凶猛，以至于文帝说："可惜李广生不逢时啊，若是生在高祖时，岂止为万户侯！"

李广有三子，李当户、李椒、李敢，都以父任出身为郎官。武帝早年曾与韩嫣玩耍，韩嫣有些不恭顺，李当户冲上去揍他，韩嫣吓得跑了，于是武帝知道当户有气魄。

李当户早死，留下遗腹子李陵。李陵字少卿，年纪轻轻就做了建章宫守卫营的长官，同时又为侍中，经常侍从皇帝左右。

李陵善于骑射，宽厚爱人，谦让，礼待属下，名誉非常好。汉武帝认为李陵有李广之风，命他率领八百骑兵侦察匈奴。李陵深入匈奴境内两千多里，越过居延泽（在今内蒙古额济纳旗东）观察匈奴地形，没有遇见匈奴。返回后被任命为骑都尉，率勇士五千镇守在酒泉、张掖，教练将士射击，防备匈奴入寇。

李陵在大西北备战数年。到了武帝太初元年（前104），西汉遣贰师将军李广利征伐大宛，命李陵率五校兵3500人随后从征。李陵军到达边境，贰师将军自大宛回师，武帝传书李陵，命他前去接应，李陵令部队原地待命，率轻骑五百出敦煌，驰至盐水（在今新疆吐鲁番东），迎接到贰师将军，贰师将军顺利回到长安，李陵继续屯守张掖。

武帝天汉二年（前99），贰师将军率三万骑出酒泉，与匈奴右贤王决战于天山。武帝召回李陵，令他率军保护贰师将军的给养物资。李陵在未央宫武台殿拜见皇帝，叩头请求道："臣所率将士，都是荆楚勇士，有奇异才能的剑客，力能扼杀老虎，射箭百发百中，请允许我率领一军，到兰干山以南分裂匈奴军，不令匈奴大军专攻贰师将军。"皇上说："你不愿隶属贰师将军吗？现在大军都已派出，没有骑兵给你了。"李陵说："不需要骑兵，臣愿意以少击众，率领那五千步兵进入单于庭。"武帝十分欣赏李陵的雄心壮志，答应他的请求，于是诏令强弩都尉路博德率兵在半道等候李陵军。

路博德以前曾是伏波将军，现在成了李陵的殿后，觉得羞耻，上书说："现在正当秋季匈奴马肥，不可与战，臣请求暂且留住李陵，等到了春天，臣与李陵一起行动，各率酒泉、张掖骑兵五千人，并头出击东西浚稽山（在今蒙古西南部戈壁阿尔泰山脉），定能击破匈奴。"

路博德的奏书传到武帝那里，武帝读了大为恼火，以为是李陵后悔了不愿出军，所以叫路博德上书，他立即下诏给路博德，说："我本来想给李陵骑兵，可他说要'以少击众'，现在匈奴已进入西河（今宁夏到内蒙古自南而北的黄河流域），你马上出发，率兵赶往西河，挡住钩营之道。"

接着诏令李陵："九月必须出发，出遮虏鄣（在今内蒙古额济纳旗境），到东浚稽山之南龙勒水上（在今蒙古杭爱山脉东南），四处搜寻敌人，若没有，就从浞野侯赵破奴故道回到受降城（在今内蒙古白云鄂博西南）休息将士，令驿站传骑回报。还有，你都与路博德说了些什么？详细写给我。"

于是李陵不敢停留，立即率五千步兵出居延，北上行军三十天，到浚稽山停下来安营，图画所经过山川地形，派他的手下陈步乐驰马送回长安。

当陈步乐被皇上召见，告诉皇帝说，李陵率兵能得将士死力，将士都愿为他拼死作战，皇帝才高兴起来，并且拜陈步乐为郎官。

李陵到了浚稽山，正好与单于相遇，匈奴骑兵有三万，将李陵的五千步兵团团包围。李陵军驻扎在两山之间，用大车围成营垒。

李陵率将士在营外布阵，前一行持戟盾，后一行持弓弩，李陵发令："听到鼓声立即冲锋，听到金钲声立即停止。"匈奴看到汉军极少，径直就来到营前，汉军第一排挺戟刺敌，同时第二排千弩齐发，敌人应弦而倒。匈奴退到山上，汉军将士乘胜追击，又杀数千人。

单于大惊，招来左右两地共八万多骑兵围攻李陵。李陵且战且退，南行数日，到达一个山谷中。经过连日作战，许多士卒受伤了，李陵命令道：受三处伤的，由担架抬着，受两处伤的乘车，一处受伤的仍然参加战斗。

李陵说："我军士气不振，是为什么呀？莫不是军中有女子?"原来,边境有流放来的关东群盗和他们的家属,当李陵军经过时,有女子被迫偷偷地成了士兵的妻子,藏在大车里跟到了战场。李陵搜出她们,把她们都杀了。

第二天再战,杀了三千多匈奴人。李陵率军东南行,沿着故龙城道(在今内蒙古乌兰察布盟阴山一带)走了四、五天,到达一大片水泽芦苇丛。匈奴从上风纵火,李陵也下令放火自救,先把周围芦苇烧光,不让敌人放的火蔓延过来。

李陵军继续南下到了山下,单于在南面的山上,令他的儿子率骑兵冲击李陵。李陵军徒步与匈奴骑兵战斗在树丛里,又杀敌数千,于是发连弩专射单于,吓得单于下山逃走。

这一天俘虏了一个匈奴人,告诉李陵说:"单于说:'这是汉朝精兵,怎么也攻不破他们,一天天把我们引向汉朝边界,难道是有伏兵等着吗?'有退军之意,可那些单于手下的官员们说:'单于亲率数万骑兵,不能消灭汉朝数千人,恐怕以后没人肯镇守边境了,也使汉朝更看不起匈奴。再较量一下看看,努力把他们战出山谷,再往前四、五十里就是平地,如果还破不了他们就撤兵回返。'"

这时李陵军队越来越危急了,匈奴骑兵太多了,有时一天交战十几个回合,匈奴又被杀了两千多人。匈奴始终没有占据优势,想撤军北返。

正在这时,管敢,他是李陵的一个军侯,是校尉下面的一个军官,不知何事受了校尉的委屈,逃到匈奴那里投降了,把李陵军的情形告诉了匈奴,说:"李陵军没有后援,箭快用完了,只有将军手下和成安侯手下各有八百人为前锋,以黄、白两色为旗帜,应当使精锐骑兵射之,这样汉军就破了。"成安侯就是颍川人韩延年，以校尉跟随李陵出征。

　　单于得到管敢，大喜，令所有骑兵进攻汉军，大叫道："李陵、韩延年，赶紧投降！"匈奴挡住道路发起猛攻。李陵在山谷中，匈奴在山上，从四面射击，矢下如雨。

　　李陵军继续南行，眼看距离鞮汗山（在今蒙古南部）已不足一天的路程，但是，到此时五十万只箭全部用尽了，车子已经没用了，就扔下车子继续南行。军士还有三千多人，把车辐砍下来当武器，军吏们手持短刀，贴着山进入峡谷。匈奴堵住了后路，山上的匈奴人把大石头推下山，汉军多被砸死，李陵军行动不得。

　　天黑后，李陵身着便衣一人走出营，不让左右跟着，说："不要跟着我，大丈夫当一人独取匈奴！"过了半天，李陵回来，长叹一口气，说："兵败，将死了！"有军吏说："将军威震匈奴，天命不顺而已。以后总有机会回去，从前浞野侯被俘虏了，后来逃回了汉朝，天子像招待客人一样接待他，何况是将军呢！"李陵说："您不要说了！我若不死，就不是壮士。"于是把旌旗都斩碎，把所用器物、衣服埋到地下，叹息说："若能得到数十枚箭，足能脱身。现在矛、戟、箭都没了，不可再战，天亮以后就坐以待毙了！大家分散开吧，那样也许有人能逃出去，回去报告天子。"让每人带二升干粮，一块冰，相约到遮虏鄣碰头。

　　夜半时分，李陵命令击鼓冲出包围，而鼓已不能发声。李陵与韩延年跨上马，有十几个壮士跟随着。匈奴数千骑追击，韩延年战死。李陵说："无颜回去见陛下！"不得以投降了匈奴。军人分散撤退，有四百多人逃脱回到边塞。

　　李陵失败的地方，距离边塞只有一百多里，边塞军官派人飞马奔赴长安汇报。武帝希望李陵能够战斗至死，把李陵老母和妻子都召进宫来，让相面人看她们的面相，但没有看出有死丧相。随后，李陵投降的消息传了来，武帝愤怒极了，责问陈步乐，陈步乐自杀了。

　　群臣都坚持李陵投降就是犯罪，武帝询问太史令司马迁，司马迁坚决地说："李陵侍奉老母亲，非常孝顺，与将士相处，非常讲信义，经常奋不顾身奔赴国难。他平素的行为有国士之风。这次不幸失败，那些平日里只会明哲保身的人都跟着说他有罪，太令人痛心了！况且，李陵领着不满五千的步卒，深入匈奴之地，去对抗数万骑兵，打得匈奴顾不上救死扶伤，单于招来全部人马围攻他。将士转战千里，箭都用尽了，真可说是穷途末路了，还是张着空弓冒着白刃与敌人决战。军士愿意为他拼死战斗，即使古代名将也不过如此。虽说李陵现在是沦陷在匈奴了，但他杀了那么多的匈奴人，他的英雄气概足以昭著天下。他之所以不杀身成仁，一定是想等待机会立功赎罪。"

　　最初，武帝遣贰师将军率大军出征，只是委派李陵照管他的辎重而已，不把他当作战主力，可是恰恰是李陵军与单于大军遭遇了，贰师将军反而功少。皇上本来就愤怒填膺，听了司马迁一番话，觉得他是诋毁贰师将军，替李陵说话，大发雷霆。过了好久，武帝懊悔地想到了，李陵是因为没有救援才失败，说："当李陵刚出塞的时候，我令强弩都尉作接应，就因为提前给了他命令，竟令这个老将找借口不救李陵。"这才派人去慰劳那些逃回来的兵士。

　　李陵在匈奴待了一年多，武帝派遣因杅将军公孙敖率兵深入匈奴迎接李陵。公孙敖军无功而返，回来报告武帝说："听捕获的匈奴人讲，是李陵在训练匈奴军队防备汉军，所以臣找不到他们。"武帝听到这件事真正是忍无可忍了，于是下令将李陵灭门，把他母亲、兄弟、妻子、儿女都杀了。这样的大刑，都是因为李陵不能死节，连累了全家人，这让李陵故乡陇西的士大夫们也觉得很惭愧。

再后来，当汉朝的使者来到匈奴，李陵去见他，问他："我为汉朝率领五千步卒横行匈奴，因为没有救援才败，我何曾辜负汉朝！却杀了我全家人？" 使者说："因为汉朝听说少卿你教匈奴兵法呀。"李陵说："那是李绪，并不是我呀。"

李绪是汉朝塞外守军的一个都尉，驻扎奚侯城，匈奴攻城，他就投降了。单于很是礼待李绪，相聚的时候，李绪都是坐在李陵之上。李陵痛恨李绪，就暗地里使人把他刺杀了。单于的母亲大阏氏一定要杀了李陵，单于把李陵藏到北方，直到大阏氏去世，李陵才回来。

单于十分敬佩李陵，把一个女儿嫁给他，立他为右校王，卫律为丁零王，两人尊贵又有权。

卫律的父亲本是长水胡人，卫律生长在汉朝，是汉武帝李夫人的哥哥、协律都尉李延年的好友。武帝天汉元年（前100）李延年推荐他出使匈奴。当他出使归来，听说李延年被监禁了，害怕自己也被牵连，于是投奔了匈奴。

卫律很讨单于喜欢，经常陪侍单于身边。李陵不这么亲近，有大事的时候他才到单于营帐参加议论。

到了后元二年（前87）汉昭帝即位，大将军霍光和左将军上官桀辅政，这两人都与李陵要好，他们派遣李陵的故友、陇西人任立政等三人出使匈奴，其实是要带李陵回来。任立政等到达匈奴，单于设宴招待，李陵、卫律都陪坐。任立政见着了李陵，但没有机会私下说话，就在宴会上频频地看着李陵，频频地摩挲刀环，又偷偷地去握李陵的脚，暗示他，可以回汉朝了。

之后，李陵、卫律拿着牛骨肉和酒再为汉使接风，大家一边赌酒一边喝，李、卫两人都是胡服锥髻，一派胡人装扮。任立政故意张扬地说："汉朝已经大赦，现在中国安乐，主上年轻，霍子孟、上官少叔主持政事。"想让李陵心动。李陵默默无语，定定地看着他，然后摸着自己的头发说："我已经胡服了！"

过了一会儿，卫律出去了，任立政说："哈，少卿何必这么苦自己！霍子孟、上官少叔都问候你呢。"李陵说："霍与上官都好吧？"立政说："就是来请少卿回故乡的，不用担心没有富贵。"李陵叫着任立政的字，说："少公啊，回去很容易，恐怕再受辱，怎么办呢？"话未完，卫律回来了，他听到了后面的话，说："李少卿是贤人，可以不独居一国。范蠡遍游天下，由余也从山戎到了秦国，为何这么窃窃私语躲着我！"于是罢宴分手。任立政追着李陵问："还有意回去吗？"李陵说："大丈夫不能受辱两次。"

汉昭帝始元六年（前81），汉朝使者向单于要回了苏武，李陵前去置酒祝贺，与苏武诀别，为他起舞，吟唱道："行军万里兮渡过大漠，为君将兵兮奋战匈奴。路穷绝兮刀箭摧毁，士众战死兮身败名裂。老母已死，虽欲报国无处归！"

李陵在匈奴生活了二十多年，于汉昭帝元平元年（前74）病死。

4. 游侠陈遵传

陈遵字孟公，为京兆杜陵县人（在今西安市东南）。他的祖父陈遂，字长子，当宣帝流落民间时，与他为好朋友，两人玩六博和围棋，陈邃多次负债。等到宣帝即位，陈邃就做了官，逐渐升迁到了太原太守，宣帝于是赐书陈邃，说："制诏太原太守：官尊禄厚，可以偿还博债啦。尊夫人君宁当时在一边，她知道这事。"陈邃于是上书言谢，并开玩笑说："欠债的事在元平元年（前74）赦令之前，可以不还了。"其实赌博欠债不在赦令范围之内，可见他与宣帝交情有多深。

陈遵幼年丧父，长大后，与张竦同时为京兆史，为京兆尹的属史。张竦字伯松，博学，通达事理，又廉洁俭朴，而陈遵落拓不羁，两人虽然操行不同，却非常要好。到了哀帝末年，两人都很著名，为年轻一代的领袖。

两人曾一起到三公府，公府的掾史们乘坐的都是羸马小车，穿戴得也不鲜亮，只有陈遵车马赫赫，穿戴堂堂，在府门外的车骑中间显得那么显赫。

他每日必然外出喝酒，酒醉才归，分管的事情经常做不好。所以西曹按照法令责罚他，西曹的小吏私下到官舍告诉他说："陈兄今天以某事被罚了。"陈遵曰："满了一百次再告诉我。"按照惯例，被罚一百次就免官，陈遵果真被罚满了一百，于是西曹要求罢免他。

大司徒马宫为当时的大儒，一向宽厚待士，又一向敬重陈遵，对西曹说："此人是讲大礼不拘小节之人，为何以小过错责罚他？"马宫举荐陈遵，说他有能力治理三辅那些难管的县，于是陈遵被任命为右扶风郁夷令（县在今陕西宝鸡市西）。时间长了，与长官右扶风郡首闹矛盾，自己免了自己的官离去了。

王莽居摄二年（7），右扶风槐里县（在今陕西兴平县）有大贼赵朋（或赵明）、霍鸿惹事，陈遵被任命为校尉，带兵讨伐有功，封嘉威侯。

陈遵居住在长安，列侯近臣贵戚都很敬重他。刺史、太守在到任之前，还有从各郡国来到京师的豪杰们，没有不到他门上拜访的。

陈遵嗜酒，每当举行盛大酒会，待到宾客满堂，就紧闭大门，把客人的车键取下来扔进井里，客人虽有急事，终不得离去。曾经有一位刺史，本来是到京城汇报官务，也去拜访陈遵，正赶上大酒宴，被困住了离不开，急得焦头烂额，实在没法了，趁着陈遵酩酊大醉，闯进后堂求见陈遵的母亲，叩头诉说尚书约定了会议期限不敢有误，陈母于是让他从后门出去了。陈遵经常醉酒，但公事并没耽误。

至于陈遵的相貌，身长八尺多，大头大鼻子，很是魁伟。他虽然洒脱不羁，却涉猎书传，富于文辞。而且有书法天赋，写得一手好字，写给人的书信，主人都珍藏着，把它看成一种荣耀。对别人的请求，陈遵从来不敢不应。所到之处，士人们抢着招待他，唯恐落后。当时有一位列侯，竟然与他同姓同名又同字，也叫陈遵，字也是孟公，这位列侯每来到人家门上，报"陈孟公"，四座莫不震动，等他进来才发现此孟公非彼孟公，于是大家给他一个绰号叫着"陈惊坐"。

王莽早就惊叹陈遵为奇才，当他执政，很多人向他称道陈遵，于是陈遵当了河南太守。到任之后，应当派遣从史去长安办事，陈遵招来十个善于书写的吏，在他面前写信致谢京师故人。陈遵坐在案几前，一边口授书吏写信，一边还看着官府的文书，写了好几百封书信，亲近的和稍微疏远的都清清楚楚，这一举动使得河南人大为惊讶。不过这河南太守只做了几个月。

当初陈遵被任命为河南太守时，他的弟弟陈级被任命为荆州牧，到了上任的时候，两人一起去长安富人、故淮阳王外家左氏家里饮酒作乐，后来，丞相司直陈崇听说了这事，上书弹劾他们，说："陈遵兄弟蒙受皇恩，幸运地升迁，陈遵为列侯，官备郡守，陈级为州牧奉使，两人都以举直察枉、宣扬圣化为职任，却不正身自守。起初陈遵刚刚任命，就乘着藩车驰进闾巷，到寡妇左阿君家置酒歌唱，陈遵起舞跳跃，又叩地又扑倒的，夜里就留在那里，由侍婢侍奉着。陈遵应该知道饮酒宴会是有礼节的，按礼，不应该入寡妇之门，却沉湎酒肉之间，乱男女之别，藐视列侯爵位，玷污官职，所作所为耳不忍闻。臣请求两人都予以免职。"陈遵既被罢免，回到长安，依旧是宾客盈门，大吃大喝。

过了好久，陈遵又接连做了九江都尉、河内都尉，就这样，他一生共三次做到了二千石一级的高官。而张竦亦做到了丹阳太守，封为淑德侯。后来，两人都免官以列侯回到长安。张竦居家贫俭，门无宾客，时常有人跟从他求教学问讨论经书而已。陈遵家则是昼夜喧哗，车骑满门，摆酒肉设宴会，一场接着一场。

黄门郎扬雄曾作《酒箴》讽谏汉成帝，写酒客与法度士辩论，法度士指那些循规蹈矩的人，酒客将法度士比作瓶，说："您就像那汲水之瓶呀。看那瓶子待的地方，在井边上，处高临深的，行动经常临近危险。一滴酒也喝不到，只是盛着那毫无味道的水，也不能左右动一动，因为牵制于井绳。一旦不能顺利荡下井里，被砌井的砖头碰破了，就身沉黄泉，骨肉为泥。这瓶子还自以为清高，实际还不如鸱夷这个盛酒皮囊。鸱夷腹如大壶，从早到晚都满盛着酒，人还时时借去买酒。又常为国器，载在天子的车上，出入两宫，周旋于公家。由此来说，酒何过之有啊！"陈遵非常喜

班　固

欢这篇赋，常对张竦说："足下讽诵经书，苦身约束自己，不敢有半点差错，而我无所顾忌，浮沉于世俗之间，官爵功名一点不少于你，而你没有我这份快乐，难道我不比你更好吗！"张竦说："人各有性，优劣自己决定。你即使想跟我一样也不成，我如果学你肯定也不成。虽然如此，学我者可以持久，效子者却难以学到，这是我的原则。"

王莽失败后，二人都流落到池阳（在今陕西省三原），张竦为贼兵所杀。当更始进入长安，大臣推荐陈遵为大司马护军，与归德侯刘飒一起出使匈奴。单于想威胁侮辱陈遵，陈遵不屈，为他陈述利与害，曲与直，单于很惊讶他的口才，送他返回，却正赶上更始败于赤眉，陈遵留在朔方，遇上了盗贼，当时正喝得烂醉，被杀死了。